AF091721

www.ingramcontent.com/pod-product-compliance
Lightning Source LLC
LaVergne TN
LVHW012120070526
838202LV00056B/5804

* 9 7 8 8 1 9 4 3 0 7 4 6 4 *

گل بوٹے سلور جوبلی سیریز

بچوں کی نظمیں

الطاف حسین حالیؔ اور سیمابؔ اکبرآبادی

مرتّب
ریحان کوثر

محرّک
فاروق سیّد، مدیر گل بوٹے

© جملہ حقوق بحقِ گل بوٹے پبلی کیشنز، ممبئی محفوظ ہیں۔

بچوں کی نظمیں - الطاف حسین حالیؔ اور سیمابؔ اکبرآبادی

مرتب : ریحان کوثر

محرک : فاروق سیّد

ناشر : گل بوٹے پبلی کیشنز، ممبئی

بسلسلۂ گل بوٹے سِلوَر جوبلی جشن — ستمبر 2019ء

کمپوزنگ : یسریٰ گرافکس، پونہ

سرورق : ریحان کوثر، کامٹی

ملنے کے لیے رابطہ : 09867169383 (کوثر احمد)
09892461465 (محمد شریف)

ISBN: 978-81-943074-6-4

Bachchon ki Nazmein
Altaf Hussain Haali & Semaab Akbarabadi

Compiler: Dr. Muhammed Husain Mushahid Razvi

Motivator: Farooque Sayyed

Publisher: Gul Bootey Publications, Mumbai

Commemorating Gul Bootey Silver Jubilee Celebration - Sept. 2019

عرضِ ناشر

پیارے بچو!

السلام علیکم ورحمۃ اللہ!

آج کا دن اور یہ خوب صورت موقع ہمارے لیے کسی انمول تحفے سے کم نہیں۔ آج ہمارا پسندیدہ رسالہ ماہنامہ 'گل بوٹے' ممبئی اپنی تاسیس کے پچیس سال مکمل کر رہا ہے۔ اس پرمسرت موقع پر ہم اللہ رب العزت کی بارگاہ میں نذرانۂ تشکر پیش کرتے ہیں جس نے ہمیں یہ مبارک دن دِکھایا۔ 'گل بوٹے' کی اشاعت کے پچیس برس مکمل ہونے پر ہم اپنے ان تمام ننھے ساتھیوں کو دلی مبارکباد پیش کرتے ہیں جو اپنے پسندیدہ رسالے سے ابتدا ہی سے جڑے رہے۔ جنھوں نے گل بوٹے کو اپنا رسالہ سمجھا، اس کا ہر مہینے بڑی شدت سے انتظار کیا، اسے پابندی سے خریدا، اس کے خوب صورت مشمولات کو پسند کیا، اس کی قیمتی باتوں کو ذہن نشین کرکے ان پر عمل کیا۔ ان تمام ساتھیوں کو بھی مبارکباد جو گل بوٹے کی ترویج و ترقی اور اسے گھر گھر پہنچانے میں ہمیشہ کوشاں رہے، اس کی ترتیب و اشاعت میں اپنے قیمتی مشوروں سے نوازا، مشکل ترین حالات میں اپنی توجہ اور تعاون سے گل بوٹے کے کم سواد مدیر کی ڈھارس بندھائی، گل بوٹے ٹیم کی کوششوں کو سراہتے ہوئے ان کی حوصلہ افزائی کی، گل بوٹے کے ساتھ سفر کرتے ہوئے اپنے بچپن کو لڑکپن اور لڑکپن کو نوجوانی میں تبدیل کیا۔ آج کا دن ان تمام ننھے فرشتوں اور نوجوان دوستوں کے لیے نویدِ جانفزا لے کر آیا ہے اور آج یہی تمام ساتھی مبارکباد کے مستحق ہیں۔ آپ تمام کو کامیابی و کامرانی کے یہ پُرمسرت لمحات بہت بہت مبارک ہوں!

عزیز ساتھیو! ہمارے ملک میں بچوں کے رسائل کی تاریخ درخشاں رہی ہے۔ ایک زمانہ تھا جب ملک کے مختلف شہروں سے بڑی تعداد میں بچوں کے رسائل نکلتے تھے۔ آج بھی قدرے کم تعداد میں سہی لیکن بچوں کے رسائل برابر نکل رہے ہیں۔ ممبئی جیسے اُردو آبادی والے بڑے شہر سے ایک عرصے سے بچوں کے ایک معیاری رسالے کی ضرورت محسوس کی جاتی تھی۔ اللہ کا شکر ہے کہ اس نے ہمیں توفیق بخشی اور ہم نے اللہ کا نام لے کر تن تنہا اس راہ پر قدم بڑھایا اور دیکھتے ہی دیکھتے گل بوٹے کے تئیں ہمارے جنون نے پچیس بہاریں مکمل کرلیں۔ اگرچہ زمانے کی نظر میں پچیس برس کوئی بڑی مدت نہیں ہوتی لیکن کسی رسالے کے لیے اور وہ بھی اُردو زبان میں بچوں کے رسالے کے لیے یہ ایک بہت بڑی مدت ہے۔ یہ ایک ایسی مدت ہے جسے کسی جنون یا دیوانگی کے سہارے ہی پورا کیا جاسکتا ہے۔ ان پچیس برسوں میں گل بوٹے نے ترقی کے کئی رنگ دیکھے۔ پہلے پہل اسے سادے کاغذ پر یک رنگی شائع کیا گیا۔ پھر پرنٹ میڈیا میں آئے انقلابات پر لبیک کہتے ہوئے آرٹ پیپر اور مکمل رنگینی کو اپنایا۔ اِس دوران گل بوٹے زمانے کے شانہ بہ شانہ چلتا رہا لیکن اس نے تعلیمی، اخلاقی اور تہذیبی رہنمائی کے اپنے مشن سے صرفِ نظر نہیں کیا بلکہ فکری طور پر پوری قوت سے اپنے مشن پر ہمیشہ گامزن رہا۔

ہمیں اس حقیقت کا اظہار کرتے ہوئے بڑی مسرت ہورہی ہے کہ جیسے ہی ہم اپنی تاسیس کے پچیسویں سال کی طرف بڑھ رہے تھے، ہم گل بوٹے کی سلور جوبلی کچھ منفرد انداز میں منانے کا سوچ رہے تھے اور جلد ہی ہم نے یہ عزم کیا کہ گل بوٹے کی پچیسویں سالگرہ پر ہم بچوں کے ادب کو نادر موضوعات پر پچیس کتابوں کا تحفہ دیں گے۔ الحمد للہ! ثم الحمد للہ! ہمیں خوشی ہورہی ہے کہ اللہ تعالیٰ نے ہمارے اِس عزم کی لاج رکھ لی اور ہم آج مختلف موضوعات پر پچیس کتابیں شائع کرنے میں کامیاب ہوئے ہیں۔ بچوں کے ادیبوں کی ڈائرکٹری الگ۔

بچوں کے ادب پر یہ پچیس کتابیں گل بوٹے کے ادارۂ تحریر کے رفقا یعنی 'ٹیم گل بوٹے' کی محنتوں کا ثمرہ ہے۔ ان کتابوں میں ٹیم گل بوٹے نے ان تمام موضوعات کو سمیٹنے کی کامیاب

کوشش کی ہے جو اُردو میں بچوں کے ادب کے زریں عہد کے گواہ ہیں۔ یہ وہ موضوعات ہیں جو اَب نایاب نہیں تو کمیاب ضرور ہیں البتہ یہ بھی حقیقت ہے کہ آج کسی ایک جگہ دستیاب نہیں۔ ٹیم گل بوٹے نے موضوعات کے انتخاب سے لے کر کتاب کی ترتیب و تدوین تک جس محنت ِشاقہ کا ثبوت فراہم کیا ہے اس کے لیے میں بحیثیت مدیر اور ناشر تمام مرتبین کا شکرگزار ہوں۔ ناسپاسی ہوگی اگر اس موقع پر اپنے عزیز دوست اور بال بھارتی پونہ کے اُردو افسر خان نوید الحق انعام الحق صاحب کا شکریہ ادا نہ کروں جن کی کرشماتی شخصیت نے کتابوں کی ترتیب سے لے کر سلور جوبلی تقریبات کے انعقاد تک ہر مشکل مرحلے میں میرے کندھے سے کندھا ملا کر کام کیا۔ ہر مرحلے پر ثابت قدمی دِکھاتے ہوئے کام کی پہل کی، اپنے وسیع تجربات کی روشنی میں کٹھن مراحل کو آسان بنا دیا اور اپنے آپ کو دامے درمے سخنے کلی طور پر اس کام کے لیے وقف کر دیا۔ ان احسانات کو صرف محسوس کیا جاسکتا ہے۔

زیرِ مطالعہ کتاب 'بچوں کی نظمیں - الطاف حسین حالؔی اور سیمابؔ اکبرآبادی' جناب ریحان کوثر نے مرتب کی ہے۔ آپ نے حتی الامکان اسے خوب سے خوب تر بنانے کی کوشش کی ہے اس لیے ادارہ گل بوٹے جناب ریحان کوثر کا دِل کی گہرائیوں سے شکریہ ادا کرتا ہے۔

آپ کے اپنے ماہنامے 'گل بوٹے' کے جشنِ سیمیں کے موقع پر ہم ان تمام قلمکاروں، مراسلہ نگاروں اور قارئین کا شکریہ ادا کرتے ہیں جنھوں نے گزشتہ ربع صدی کے دوران ہر مرحلے پر ہمارا تعاون کر کے حوصلہ بڑھایا ہے۔ ہمیں اُمید ہے کہ بچوں کے ادب پر یہ پچیس کتابیں آج کے حالات میں ادبِ اطفال کی راہ متعین کرنے میں مشعلِ راہ ثابت ہوں گی۔ آپ کی گرانقدر آرا کا ہمیں انتظار رہے گا۔

والسلام

فاروق سیّد

عرضِ مرتب
حالؔی اور سیمابؔ

بچوں کے لیے لکھی جانے والی نظمیں ان کی تعلیم و تدریس کے علاوہ تربیتی پہلو سے بھی بڑی قدر و قیمت کی حامل ہوتی ہیں۔ ترنم اور روانی انھیں یادداشت کے خانے میں تادیر قائم رکھتے ہیں اور یہ نظمیں تاعمر ہماری زبان پر جاری رہتی ہیں۔ کوئی نظم جس نے ایک طویل عرصے تک عوام کے دلوں پر راج کیا ہو، خواہ طویل ہو یا مختصر، ایسی نہیں جو بے اثر ہو اور بعد میں اسے بھلا دیا جائے یا ضائع کر دیا جائے۔ کسی نظم میں جتنی زیادہ بے ساختگی اور آمد ہوگی وہ اسی قدر دیرپا ثابت ہوگی۔ یہی وجہ ہے کہ حالؔی اور سیمابؔ کی نظمیں آج بھی زباں زدِ عام ہیں اور انھوں نے مسلمانانِ ہند کو غفلت کی نیند سے بیدار کرنے میں غیر معمولی کردار ادا کیا ہے۔ گویا انھوں نے اپنی شاعری حتّٰی کہ بچوں کی شاعری سے بھی اصلاح معاشرہ اور بیداری کا کام لیا، یہاں تک کہ ان دونوں کی شاعری اردو ادب میں ایک تحریک اور رجحان کی حیثیت اختیار کر گئی۔ دونوں کے ہاں دوراز کار باتیں اور دور کے سہانے ڈھول نہیں ہیں۔ وہ اپنے ماحول اور حالات، گھر سے آنگن، کھیت کھلیان، باغ بغیچے، پھول، پھل، خوشبو، درخت، سمندر، دریا، ندی، تالاب، پہاڑ، جھرنوں، جانوروں اور پرندوں وغیرہ یا پھر قدرتی مناظر کا مشاہدہ کر کے یا اس سے باتیں کر کے یا انھیں دیکھ کر یا ان کے ساتھ وقت بتا کر ان کا گہرا مشاہدہ کر کے اس میں سے سبق آموز باتیں اخذ کر لیا کرتے تھے۔ یہی باتیں اِن کی شاعری کا موضوع ہوتی تھیں۔ حالاں کہ ان موضوعات پر بہت سے لوگوں نے اشعار کہے ہیں اور انھیں نظموں کے پیرہن میں ڈھالا ہے لیکن جب ہم حالؔی اور سیمابؔ کی نظموں کا مطالعہ کریں تو یہ بات صاف ظاہر ہوتی ہے کہ دونوں کا ماحول اور فطرت کا مشاہدہ اور بچوں کی نفسیات کا مطالعہ بڑا گہرا تھا۔ ان کا خیال تھا کہ بچوں کی

اصل تربیت گاہ کہیں اور نہیں بلکہ ان کے گھر کی چار دیواری ہی ہوتی ہے۔ بے شک بچے تعلیم و تدریس کی خاطر اسکول جاتے ہیں لیکن تربیت کا اہم اور بنیادی مرکز اس کا گھر ہی ہوتا ہے۔ دونوں نے اپنی زیادہ تر نظموں کا تانا بانا انسانی زندگی اور اخلاقیات و جذبات سے تیار شدہ مضبوط اور پائدار ریشمی دھاگوں سے ہی بنا ہے۔

سیمابؔ اکبر آبادی ۵/جون ۱۸۸۰ء آگرہ میں پیدا ہوئے۔اردو شاعری میں سیمابؔ منفرد حیثیت کے مالک ہیں۔ان کا اصل نام عاشق حسین صدیقی تھا۔وہ اردو کے بے مثال شاعر داغؔ دہلوی کے شاگرد تھے۔انھیں اردو، فارسی، اور عربی زبانوں پر قدرت حاصل تھی۔ انھیں جانشین داغؔ بھی کہا جاتا تھا۔انھوں نے قصرالادب ادارے سے ماہنامہ 'پیمانہ' جاری کیا۔ بعد ازاں بیک وقت ماہنامہ 'ثریا'، ہفت روزہ 'تاج'، ماہنامہ 'کنول'، سہ روزہ 'ایشیا' اور اکبر آباد (آگرہ) سے ایک رسالہ 'شاعر' جاری کیا تھا۔ بعد میں یہ رسالہ ممبئی سے شائع ہوتا رہا اور چند برسوں میں اپنے اجراء کی ایک صدی پوری کرنے جارہا ہے۔سیمابؔ کے خانوادے کے افراد ماہنامہ 'شاعر' کو آج بھی جاری رکھے ہوئے ہیں۔

سیماب کا پہلا مجموعۂ کلام 'نیستاں' ۱۹۲۳ء میں شائع ہوا۔ ۱۹۳۶ء میں 'کلیم عجم' اور 'کارامروز' منظر عام پر آئے۔آپ کی لکھی کتابوں کی تعداد تقریباً ۲۸۴ ہے۔جس میں ۲۲ شعری مجموعے ہیں۔ سیمابؔ کا انتقال ۳۱/جنوری ۱۹۵۱ء کو ہوا۔

خواجہ الطاف حسین حالیؔ ۱۸۷۳ء میں پانی پت میں پیدا ہوئے۔ان کے والد کا نام خواجہ ایزد بخش تھا۔ جب ۹ سال کے تھے تو ان کے والد کا انتقال ہوگیا اس لیے تعلیم و تربیت کا معقول انتظام نہ ہوسکا۔۱۸۵۶ء میں حصار کے کلکٹر کے دفتر میں ملازم ہو گئے۔چند سال بعد جہانگیر آباد کے رئیس مصطفیٰ خاں شیفتہ کے بچوں کے اتالیق مقرر ہوئے۔نواب صاحب کی صحبت سے مولانا حالیؔ کی شاعری چمک اٹھی۔ پھر دلی آکر مرزا غالبؔ کے شاگرد ہوئے۔حالیؔ کی چار مثنویاں برکھارت، نشاط امید، مناظرۂ رحم و انصاف، حب وطن بہت مقبول ہوئیں۔ان کی تصانیف 'حیات سعدی'، 'مقدمہ شعر و شاعری'، 'یادگار غالب'، 'حیات جاوید' وغیرہ بہت مشہور ہیں۔ اردو ادب میں حالیؔ کو یہ امتیاز حاصل ہے کہ انھوں نے اپنی فکر سے اردو شاعری اور تنقید کو نئی

سمتیں عطا کیں۔

حالیؔ نے ملازمت سے فارغ ہونے کے بعد پانی پت میں سکونت اختیار کی۔ ۱۹۰۴ء میں ''شمس العلماء'' کا خطاب ملا۔ ۱۳؍ دسمبر ۱۹۱۴ء کو پانی پت میں وفات پائی۔

گل بوٹے کے لائق مدیر فاروق سید صاحب اپنی فعالیت اور افتادِ طبع سے پوری اردو دنیا میں جانے جاتے ہیں۔ وہ کبھی نچلا نہیں بیٹھتے۔ اس بار اپنے موقر رسالہ ماہنامہ گل بوٹے کا جشن سیمیں منانے کی ٹھانی۔ اس موقع پر مختلف قسم کی شاندار تقریبات کے علاوہ پچیسویں سالگرہ کی مناسبت سے پچیس کتابیں ایک ساتھ شائع کرنے کا دھماکے دار اعلان کیا۔ ابھی ہم اس اعلان سے سنبھلنے بھی نہ پائے تھے کہ انھوں نے خاکسار کو بھی ایک عدد کتاب کی تیاری کا حکم صادر کر دیا۔ بہرحال میں فاروق سید صاحب کا شکرگزار ہوں کہ اپنے باوقار ادارے کے اس سیمیں سفر میں نہ صرف مجھے یاد رکھا بلکہ ہمسفر ہونے کی سعادت بھی عطا فرمائی۔ اسپیشل اردو آفیسر بال بھارتی خان نوید الحق انعام الحق صاحب کا بھی شکریہ جن کی محبت، عنایت اور توسط اس کارِ خیر کا باعث ہوئی۔

ریحان کوثر

حمد

اے زمین آسمان کے مالک
ساری دنیا جہان کے مالک

تیرے قبضے میں سب خدائی ہے
تیرے ہی واسطے بڑائی ہے

تو ہی ہے سب کا پالنے والا
کام سب کا نکالنے والا

بھوک میں تو ہمیں کھلاتا ہے
پیاس میں تو ہمیں پلاتا ہے

آنکھ دی تو نے دیکھنے کے لیے
کام کرنے کو ہاتھ پاؤں دیے

بات کے سننے کو دیے دو کان
بات کہنے کو تو نے بخشی زبان

دن بنایا کمائی کرنے کو
رات دی تو نے نیند بھرنے کو

آئی موسم سے تنگ جب خلقت
تو نے موسم کی دی بدل صورت

گرمیاں ہوگئیں اجیرن جب
تو نے برسات بھیج دی یا رب

سب کے گرمی سے تھے خطا اوسان
مینھ برسنے سے آئی جان میں جان

گئے جب لوگ مینھ سے سب گھبرا
حکم سے تیرے چل پڑی پچھوا

یا تو تھیں ساری چیزیں سیل رہیں
یا رہا سیل کا نہ نام کہیں

جاڑا آپہنچا اور گئی برسات
دم کے دم میں بدل گئے دن رات

پھر لگی پڑنے جب بہت سردی
شکل آسان تو نے پھر کر دی

جاڑا آخر ہوا اور آئی بہار
جنگل اور ٹیلے ہوگئے گلزار

تو یوں ہی رت پہ رت بدلتا رہا
یوں ہی دنیا کا کام چلتا رہا

کیں سدا تو نے مشکلیں آساں
تیری مشکل کشائی کے قرباں

پیارے نبیؐ

وہ نبیوں میں رحمت لقب پانے والا
مرادیں غریبوں کی بر لانے والا

مصیبت میں غیروں کے کام آنے والا
وہ اپنے پرائے کا غم کھانے والا

فقیروں کا ملجا ، ضعیفوں کا ماویٰ
یتیموں کا والی ، غلاموں کا مولیٰ

خطاکار سے درگزر کرنے والا
بد اندیش کے دل میں گھر کرنے والا

مفاسد کا زیر و زبر کرنے والا
قبائل کا شیر و شکر کرنے والا

اتر کر حرا سے سوئے قوم آیا
اور اک نسخۂ کیمیا ساتھ لایا

مس خام کو جس نے کندن بتایا
کھرا اور کھوٹا الگ کر دکھایا

عرب جس پہ قرنوں سے تھا جہل چھایا
پلٹ دی بس اک آن میں اس کی کایا

رہا ڈر نہ بیڑے کو موجِ بلا کا
ادھر سے ادھر پھر گیا رخ ہوا کا

کہنا بڑوں کا مانو

اے بھولے بھالے بچو، نادانو، ناتوانو
سر پر بڑوں کا سایہ، سایہ خدا کا جانو
حکم ان کا ماننے میں برکت ہے میری جانو!
چاہو اگر بڑائی، کہنا بڑوں کا مانو

ماں باپ اور استاد سب ہیں خدا کی رحمت
ہے روک ٹوک ان کی حق میں تمہارے نعمت
کڑوی نصیحتوں میں ان کی بھرا ہے امرت
چاہو اگر بڑائی، کہنا بڑوں کا مانو

ماں باپ کا عزیزو مانا نہ جس نے کہنا
دشوار ہے جہاں میں عزت سے اس کا رہنا
ڈر ہے پڑے نہ صدمہ ذلت کا اس کا سہنا
چاہو اگر بڑائی، کہنا بڑوں کا مانو

دنیا میں کی جنہوں نے ماں باپ کی اطاعت
دنیا میں پائی عزت، عقبیٰ میں پائی راحت
ماں باپ کی اطاعت ہے دو جہاں کی دولت
چاہو اگر بڑائی، کہنا بڑوں کا مانو

سیکھو گے علم و حکمت، ان کی ہدایتوں سے
پاؤ گے مال و دولت اس کی نصیحتوں سے
پھولو گے اور پھلو گے، ان کی ملامتوں سے
چاہو اگر بڑائی ، کہنا بڑوں کا مانو

تم کو خبر نہیں کچھ اپنے بھلے برے کی
جتنی ہے عمر چھوٹی اتنی ہے عقل چھوٹی
ہے بہتری اسی میں ہے جو بڑوں کی مرضی
چاہو اگر بڑائی ، کہنا بڑوں کا مانو

وہ کام مت کرو تم جس کام سے وہ روکیں
اُس بات سے بچو تم جس بات پر وہ ٹوکیں
جھنک جاؤ دوڑ کر تم گر آگ میں وہ جھونکیں
چاہو اگر بڑائی ، کہنا بڑوں کا مانو

جو دیں تمھیں وہ کھا لو نعمت سمجھ کے اس کو
دیں زہر بھی تو پی لو امرت سمجھ کے اس کو
اور خاک دیں تو لے لو دولت سمجھ کے اس کو
چاہو اگر بڑائی ، کہنا بڑوں کا مانو

ہے کوئی دن میں پیارو وہ وقت آنے والا
دنیا کی مشکلوں سے تم کو پڑے گا پالا
مانے گا جو بڑوں کی جیتے گا وہ ہی پالا
چاہو اگر بڑائی ، کہنا بڑوں کا مانو

دنیا کے مالک

اے ساری دنیا کے مالک
راجا اور پرجا کے مالک
بے پر اور پردار کے مالک
اے سارے سنسار کے مالک
سب سے انوکھے سب سے نرالے
آنکھ سے اوجھل، دل کے اجالے
ناؤ جگت کی کھینے والے
دکھ میں سہارا دینے والے
جوت ہے تیری جل اور تھل میں
باس ہے تیری پھول اور پھل میں
ہر دل میں ہے تیرا بسیرا
تو پاس اور گھر دور ہے تیرا
تو ہے اکیلوں کا رکھوالا
تو ہے اندھیرے گھر کا اجالا
بے آسوں کی آس تو ہی ہے
جاگتے سوتے پاس تو ہی ہے
سوچ میں دل بہلانے والے
بپتا میں کام آنے والے
ہلتے ہیں پتے تیرے ہلائے
کھلتی ہیں کلیاں تیرے کھلائے
تو ہی ڈبوئے، تو ہی ترائے
تو ہی بیڑا پار لگائے
اے سب سے اول اور آخر
جہاں تہاں حاضر اور ناظر
اے اندھوں کی آنکھ کے تارے
اے لنگڑے لولوں کے سہارے

تو ہی دلوں میں آگ لگائے
تو ہی دلوں کی لگی بجھائے

ہر دم تیری آن نئی ہے
جب دیکھو تب شان نئی ہے

پورب ، پچھم ، دکھن ، اتر
بخشش تیری عام ہے گھر گھر

چیونٹا ، کیڑا ، مچھر ، بھنگا
کچھوا ، مینڈک ، سیپ اور گھونگا

سارے پنچھی اور پکھیرو
مور ، پپیہا ، سارس ، پیرو

بھیڑ اور بکری ، شیر اور چیتے
تیرے جلائے ہیں سب جیتے

خاک سے تو نے بیج اُگائے
پھر پودے پروان چڑھائے

لکڑی میں پھل تو نے لگائے
اور کوڑے پر پھول کھلائے

ہیرا بخشا کان کو تو نے
مشک دیا حیوان کو تو نے

جگنو کو بجلی کی چمک دی
ذرے کو کندن کی دمک دی

دین سے تیرے اے مرے مولیٰ
سب ہیں نہال ادنیٰ اور اعلیٰ

❖❖❖

مٹی کا دیا

جھٹپٹے کے وقت گھر سے ایک مٹی کا دیا
ایک بڑھیا نے سر رہ لا کے روشن کر دیا
تاکہ رہگیر اور پردیسی کہیں ٹھوکر نہ کھائیں
راہ سے آساں گزر جائے ہر ایک چھوٹا بڑا
یہ دیا بہتر ہے ان جھاڑوں سے اور اس لیمپ سے
روشنی محلوں کے اندر ہی رہی جن کی سدا
گر نکل کر اک ذرا محلوں سے باہر دیکھیے
ہے اندھیرا گھپ در و دیوار پر چھایا ہوا
سرخرو آفاق میں وہ رہنما مینار ہیں
روشنی سے جن کی ملاحوں کے بیڑے پار ہیں

ہم نے ان عالی بناؤں سے کیا اکثر سوال
آشکارا جن سے ان کے بانیوں کا ہے جلال
شان و شوکت کی تمہاری دھوم ہے آفاق میں
دور سے آآ کے تم کو دیکھتے ہیں باکمال

قوم کو اس شان و شوکت سے تمہاری کیا ملا
دو جواب اس کا اگر رکھتی ہو یارائے مقال
سرنگوں ہو کر وہ سب بولیں زبان حال سے
ہو سکا ہم سے نہ کچھ الانفعال الانفعال
بانیوں نے تھا بنایا اس لیے گویا ہمیں
ہم کو جب دیکھیں خلف اسلاف کو رویا کریں

شوق سے اس نے بنایا مقبرہ اک شاندار
اور چھوڑا اس نے اک ایوان عالی یادگار
ایک نے دنیا کے پودے باغ میں اپنے لگائے
ایک نے چھوڑے دفینے سیم و زر کے بے شمار
اک محب قوم نے اپنے مبارک ہاتھ سے
قوم کی تعلیم کی بنیاد ڈالی استوار
ہوگی عالم میں کہو سرسبز یہ پچھلی مراد
یا وہ اگلوں کی امیدیں لائیں گی کچھ برگ و بار
چشمۂ سر جیوں ہے جو بہتا رہے گا یاں وہی
سب اتر جائیں گی چڑھ چڑھ ندیاں برسات کی

✤✤✤

برکھارت

گرمی کی تپش بجھانے والی
سردی کا پیغام لانے والی
قدرت کے عجائبات کی کاں
عارف کے لیے کتاب عرفاں
وہ شاخ و درخت کی جوانی
وہ مور و ملخ کی زندگانی
وہ سارے برس کی جان برسات
وہ کون خدا کی شان برسات
آئی ہے بہت دعاؤں کے بعد
اور سیکڑوں التجاؤں کے بعد
وہ آئی تو آئی جان میں جاں
سب تھے کوئی دن کے ورنہ مہماں
گرمی سے تڑپ رہے تھے جان دار
اور دھوپ میں تپ رہے تھے کہسار
بھوبل سے سوا تھا ریگ صحرا
اور کھول رہا تھا آب دریا
سانڈے تھے بلوں میں منہ چھپائے
اور ہانپ رہے تھے چارپائے
تھیں لومڑیاں زباں نکالے
اور لو سے ہرن ہوئے تھے کالے
چیتوں کو نہ تھی شکار کی سدھ
ہرنوں کو نہ تھی قطار کی سدھ
تھے شیر پڑے کچھار میں سست
گھڑیال تھے رود بار میں سست
ڈھوروں کا ہوا تھا حال پتلا
بیلوں نے دیا تھا ڈال کندھا

بھینسوں کے لہو نہ تھا بدن میں   اور دودھ نہ تھا گئو کے تھن میں

گھوڑوں کا چھٹا تھا گھاس دانہ   تھا پیاس کا ان پہ تازیانہ

گرمی کا لگا ہوا تھا بھبکا   اور انس نکل رہا تھا سب کا

طوفان تھے آندھیوں کے برپا   اٹھتا تھا بگولے پر بگولا

آرے تھے بدن پہ لو کے چلتے   شعلے تھے زمین سے نکلتے

تھی آگ کا دے رہی ہوا کام   تھا آگ کا نام مفت بد نام

رستوں میں سوار اور پیدل   سب دھوپ کے ہاتھ سے تھے بے کل

گھوڑوں کے نہ آگے اٹھتے تھے پاؤں   ملتی تھی کہیں جو روکھ کی چھاؤں

تھی سب کی نگاہ سوئے افلاک

پانی کی جگہ برستی تھی خاک

❋❋❋

حب وطن

اے سپہر بریں کے سیارو — اے فضائے زمیں کے گل زارو
اے پہاڑوں کی دل فریب فضا — اے لب جو کی ٹھنڈی ٹھنڈی ہوا
اے عنادل کے نغمۂ سحری — اے شب ماہتاب تاروں بھری
اے نسیم بہار کے جھونکو — دہر ناپائیدار کے دھوکو
تم ہر اک حال میں ہو یوں تو عزیز — تھے وطن میں مگر کچھ اور ہی چیز
جب وطن میں ہمارا تھا رمنا — تم سے دل باغ باغ تھا اپنا
تم مری دل لگی کے ساماں تھے — تم مرے درد دل کے درماں تھے
تم سے کٹتا تھا رنج تنہائی — تم سے پاتا تھا دل شکیبائی
آن اک اک تمہاری بھاتی تھی — جو ادا تھی وہ جی لبھاتی تھی
کرتے تھے جب تم اپنی غم خواری — دھوئی جاتی تھیں کلفتیں ساری
جب ہوا کھانے باغ جاتے تھے — ہو کے خوش حال گھر میں آتے تھے
بیٹھ جاتے تھے جب کبھی لب آب — دھو کے اٹھتے تھے دل کے داغ شتاب
کوہ و صحرا و آسمان و زمیں — سب مری دل لگی کی شکلیں تھیں
پر چھٹا جس سے اپنا ملک و دیار — جی ہوا تم سے خود بہ خود بیزار
نہ گلوں کی ادا خوش آتی ہے — نہ صدا بلبلوں کی بھاتی ہے
سیر گلشن ہے جی کا اک جنجال — شب مہتاب جان کو ہے وبال
کوہ و صحرا سے تا لب دریا — جس طرف جائیں جی نہیں لگتا
کیا ہوئے وہ دن اور وہ راتیں — تم میں اگلی سی اب نہیں باتیں
ہم ہی غربت میں ہو گئے کچھ اور — یا تمہارے بدل گئے کچھ طور
گو وہی ہم ہیں اور وہی دنیا — پر نہیں ہم کو لطف دنیا کا
اے وطن اے مرے بہشت بریں — کیا ہوئے تیرے آسمان و زمیں

رات اور دن کا وہ سماں نہ رہا
وہ زمیں اور وہ آسماں نہ رہا

تیری دوری ہے موردِ آلام
تیرے چھٹنے سے چھٹ گیا آرام

کاٹے کھاتا ہے باغ بن تیرے
گل ہیں نظروں میں داغ بن تیرے

مٹ گیا نقش کامرانی کا
تجھ سے تھا لطف زندگانی کا

جو کہ رہتے ہیں تجھ سے دور سدا
ان کو کیا ہوگا زندگی کا مزا

ہو گیا یاں تو دو ہی دن میں یہ حال
تجھ بن ایک ایک پل ہے اک اک سال

سچ بتا تو سبھی کو بھاتا ہے
یا کہ مجھ سے ہی تیرا ناتا ہے

میں ہی کرتا ہوں تجھ پہ جان نثار
یا کہ دنیا ہے تیری عاشق زار

کیا زمانے کو تو عزیز نہیں
اے وطن تو تو ایسی چیز نہیں

جن و انسان کی حیات ہے تو
مرغ و ماہی کی کائنات ہے تو

ہے نباتات کا نمو تجھ سے
روکھ تجھ بن ہرے نہیں ہوتے

سب کو ہوتا ہے تجھ سے نشو و نما
سب کو بھاتی ہے تیری آب و ہوا

تیری اک مشت خاک کے بدلے
لوں نہ ہرگز اگر بہشت ملے

جان جب تک نہ ہو بدن سے جدا
کوئی دشمن نہ ہو وطن سے جدا

حملہ جب قوم آریا نے کیا
اور بجا ان کا ہند میں ڈنکا

ملک والے بہت سے کام آئے
جو بچے وہ غلام کہلائے

شدر کہلائے راکشس کہلائے
رنج پردیس کے مگر نہ اٹھائے

گو غلامی کا لگ گیا دھبہ
نہ چھٹا ان سے دیس پر نہ چھٹا

قدر اے دل وطن میں رہنے کی
پوچھے پردیسیوں کے جی سے کوئی

جب ملا رام چندر کو بن باس
اور نکلا وطن سے ہو کے اداس

باپ کا حکم رکھ لیا سر پر
پر چلا ساتھ لے کے داغ جگر

پاؤں اٹھتا تھا اس کا بن کی طرف
اور کھنچتا تھا دل وطن کی طرف

گزرے غربت میں اس قدر مہ و سال
پر نہ بھولا ایودھیا کا خیال

دیس کو بن میں جی بھٹکتا رہا | دل میں کانٹا سا اک کھٹکتا رہا
تیر اک دل میں آ کے لگتا تھا | آتی تھی جب ایودھیا کی ہوا
کٹتے چودہ برس ہوئے تھے محال | گویا ایک ایک جگ تھا اک اک سال
ہوئے یثرب کی سمت جب راہی | سید ابطحی کے ہم راہی
رشتے الفت کے سارے توڑ چلے | اور بالکل وطن کو چھوڑ چلے
گو وطن سے چلے تھے ہو کے خفا | پر وطن میں تھا سب کا جی اٹکا
دل لگی کے بہت ملے سامان | پر نہ بھولے وطن کے ریگستان
دل میں آٹھوں پہر کھٹکتے تھے | سنگریزے زمین بطحا کے
گھر جفاؤں سے جن کی چھوٹا تھا | دل سے رشتہ نہ ان کا ٹوٹا تھا
ہوئیں یوسف کی سختیاں جب دور | اور ہوا ملک مصر پر مامور
مصر میں چار سو تھا حکم رواں | آنکھ تھی جانب وطن نگراں
یاد کنعاں جب اس کو آتی تھی | سلطنت ساری بھول جاتی تھی
دکھ اٹھائے تھے جس وطن میں سخت | تاج بھاتا نہ اس بغیر نہ تخت
جن سے دیکھی تھی سخت بے مہری | لو تھی ان بھائیوں کی دل کو لگی
ہم بھی حب وطن میں ہیں گو غرق | ہم میں اور ان میں ہے مگر یہ فرق
ہم ہیں نام وطن کے دیوانے | وہ تھے اہل وطن کے پروانے
جس نے یوسف کی داستاں ہے سنی | جانتا ہوگا روئداد اس کی
مصر میں قحط جب پڑا آ کر | اور ہوئی قوم بھوک سے مضطر
کر دیا وقف ان پہ بیت المال | لب تک آنے دیا نہ حرف سوال
کھتیاں اور کوٹھے کھول دیے | مفت سارے ذخیرے تول دیے
قافلے خالی ہاتھ آتے تھے | اور بھرپور یاں سے جاتے تھے
یوں گئے قحط کے وہ سال گزر | جیسے بچوں کی بھوک وقت سحر
اے دل اے بندۂ وطن ہوشیار | خواب غفلت سے ہو ذرا بیدار

او شراب خوری کے متوالے — گھر کی چوکھٹ کے چومنے والے
نام ہے کیا اسی کا حب وطن — جس کی تجھ کو لگی ہوئی ہے لگن
کبھی بچوں کا دھیان آتا ہے — کبھی یاروں کا غم ستاتا ہے
یاد آتا ہے اپنا شہر کبھی — لو کبھی اہل شہر کی ہے لگی
نقش ہیں دل پہ کوچہ و بازار — پھرتے آنکھوں میں ہیں در و دیوار
کیا وطن کیا یہی محبت ہے — یہ بھی الفت میں کوئی الفت ہے
اس میں انساں سے کم نہیں ہیں درند — اس سے خالی نہیں چرند و پرند
ٹکڑے ہوتے ہیں سنگ غربت میں — سوکھ جاتے ہیں روکھ فرقت میں
جا کے کابل میں آم کا پودا — کبھی پروان چڑھ نہیں سکتا
آ کے کابل سے یاں بہی و انار — ہو نہیں سکتے بارور زنہار
مچھلی جب چھوٹتی ہے پانی سے — ہاتھ دھوتی ہے زندگانی سے
آگ سے جب ہوا سمندر دور — اس کو جینے کا پھر نہیں مقدور
گھوڑے جب کھیت سے بچھڑتے ہیں — جان کے لالے ان کے پڑتے ہیں
گائے، بھینس اونٹ ہو یا ہو بکری — اپنے اپنے ٹھکانے خوش ہیں سبھی
کہیے حب وطن اسی کو اگر — ہم سے حیواں نہیں ہیں کچھ کم تر
ہے کوئی اپنی قوم کا ہمدرد — نوع انساں کا سمجھیں جس کو فرد
جس پہ اطلاق آدمی ہو صحیح — جس کو حیواں پہ دے سکیں ترجیح
قوم پر کوئی زد نہ دیکھ سکے — قوم کا حال بد نہ دیکھ سکے
قوم سے جان تک عزیز نہ ہو — قوم سے بڑھ کے کوئی چیز نہ ہو
سمجھے ان کی خوشی کو راحت جاں — واں جو نو روز ہو تو عید ہو یاں
رنج کو ان کے سمجھے مایۂ غم — واں اگر سوگ ہو تو یاں ماتم
بھول جائے سب اپنی قدر جلیل — دیکھ کر بھائیوں کو خوار و ذلیل
جب پڑے ان پہ گردش افلاک — اپنی آسائشوں پہ ڈال دے خاک

بیٹھے بے فکر کیا ہو ہم وطنو
اٹھو اہل وطن کے دوست بنو

مرد ہو تم کسی کے کام آؤ
ورنہ کھاؤ پیو چلے جاؤ

جب کوئی زندگی کا لطف اٹھاؤ
دل کو دکھ بھائیوں کے یاد دلاؤ

پہنو جب کوئی عمدہ تم پوشاک
کرو دامن سے تا گریباں چاک

کھانا کھاؤ تو جی میں تم شرماؤ
ٹھنڈا پانی پیو تو اشک بہاؤ

کتنے بھائی تمہارے ہیں نادار
زندگی سے ہے جن کا دل بیزار

نوکروں کی تمہارے جو ہے غذا
ان کو وہ خواب میں نہیں ملتا

جس پہ تم جوتیوں سے پھرتے ہو
واں میسر نہیں وہ اوڑھنے کو

کھاؤ تو پہلے لو خبر ان کی
جن پہ بپتا ہے نیستی کی پڑی

پہنو تو پہلے بھائیوں کو پہناؤ
کہ ہے اترن تمہاری جن کا بناؤ

ایک ڈالی کے سب ہیں برگ و ثمر
ہے کوئی ان میں خشک اور کوئی تر

سب کو ہے ایک اصل سے پیوند
کوئی آزردہ ہے کوئی خورسند

مقبلو! مدبروں کو یاد کرو
خوش دلو! غم زدوں کو شاد کرو

جاگنے والے غافلوں کو جگاؤ
تیرنے والو ڈوبتوں کو تراؤ

ہیں ملے تم کو چشم و گوش اگر
لو جو لی جائے کور و کر کی خبر

تم اگر ہاتھ پاؤں رکھتے ہو
لنگڑے لولوں کو کچھ سہارا دو

تندرستی کا شکر کیا ہے بتاؤ
رنج بیمار بھائیوں کا ہٹاؤ

تم اگر چاہتے ہو ملک کی خیر
نہ کسی ہم وطن کو سمجھو غیر

ہو مسلمان اس میں یا ہندو
بودھ مذہب ہو یا کہ ہو برہمو

جعفری ہووے یا کہ ہو حنفی
جین مت ہووے یا ہو ویشنوی

سب کو میٹھی نگاہ سے دیکھو
سمجھو آنکھوں کی پتلیاں سب کو

ملک ہیں اتفاق سے آزاد
شہر ہیں اتفاق سے آباد

ہند میں اتفاق ہوتا اگر
کھاتے غیروں کی ٹھوکریں کیوں کر

قوم جب اتفاق کھو بیٹھی
اپنی پونجی سے ہات دھو بیٹھی

ایک کا ایک ہو گیا بد خواہ
لگی غیروں کی پڑنے تم پہ نگاہ

پھر گئے بھائیوں سے جب بھائی
جو نہ آنی تھی وہ بلا آئی

پاؤں اقبال کے اکھڑنے لگے
ملک پر سب کے ہاتھ پڑنے لگے

کبھی تورانیوں نے گھر لوٹا
کبھی درانیوں نے زر لوٹا

کبھی نادر نے قتل عام کیا
کبھی محمود نے غلام کیا

سب سے آخر کو لے گئی بازی
ایک شائستہ قوم مغرب کی

یہ بھی تم پر خدا کا تھا انعام
کہ پڑا تم کو ایسی قوم سے کام

ورنہ دم مارنے نہ پاتے تم
پڑتی جو سر پہ وہ اٹھاتے تم

ملک روندے گئے ہیں پیروں سے
چین کس کو ملا ہے غیروں سے

قوم سے جو تمہارے برتاؤ
سوچو اے میرے پیارو اور شرماؤ

اہل دولت کو ہے یہ استغنا
کہ نہیں بھائیوں کی کچھ پروا

شہر میں قحط کی دہائی ہے
جان عالم لبوں پہ آئی ہے

بچے اک گھر میں بلبلاتے ہیں
رو کے ماں باپ کو رلاتے ہیں

کوئی پھرتا ہے مانگتا در در
ہے کہیں پیٹ سے بندھا پتھر

پر جو ہیں ان میں صاحب مقدور
ان میں گنتی کے ہوں گے ایسے غیور

کہ جنہیں بھائیوں کا غم ہوگا
اپنی راحت کا دھیان کم ہوگا

جتنے دیکھوگے پاؤگے بے درد
دل کے نامرد اور نام کے مرد

عیش میں جن کے کٹتے ہیں اوقات
عید ہے دن تو شبرات ہے رات

قوم مرتی ہے بھوک سے تو مرے
کام انہیں اپنے حلوے مانڈے سے

ان کو اب تک خبر نہیں اصلاً
شہر میں بھاؤ کیا ہے غلے کا

غلہ ارزاں ہے ان دنوں کہ گراں
کال ہے شہر میں پڑا کہ سماں

کال کیا شے ہے کس کو کہتے ہیں بھوک
بھوک میں کیونکہ مرتے ہیں مفلوک

سیر بھوکے کی قدر کیا سمجھے
اس کے نزدیک سب ہیں پیٹ بھرے

اہل دولت کا سن چکے تم حال
اب سنو روئیداد اہل کمال

فاضلوں کو ہے فاضلوں سے عناد
پنڈتوں میں پڑے ہوئے ہیں فساد

ہے طبیبوں میں نوک جھوک سدا
ایک سے ایک کا ہے تھوک جدا

رہنے دو اہل علم ہیں اس طرح
پہلوانوں میں لاگ ہو جس طرح

عیدو والوں کا ہے اگر پٹھا
شیخو والوں میں جا نہیں سکتا

شاعروں میں بھی ہے یہی تکرار
خوشنویسوں کو ہے یہی آزار

لاکھ نیکوں کا کیوں نہ ہو اک نیک
دیکھ سکتا نہیں ہے ایک کو ایک

اس پہ طرہ یہ ہے کہ اہل ہنر
دور سمجھے ہوئے ہیں اپنا گھر

ملی اک گانٹھ جس کو ہلدی کی
اس نے سمجھا کہ میں ہوں پنساری

نسخہ اک طب کا جس کو آتا ہے
سگے بھائی سے وہ چھپاتا ہے

جس کو آتا ہے پھونکنا کشتہ
ہے ہماری طرف سے وہ گونگا

جس کو ہے کچھ رمل میں معلومات
وہ نہیں کرتا سیدھے منہ سے بات

باپ بھائی ہو یا کہ ہو بیٹا
بھید پاتا نہیں منجم کا

کام کندلے کا جس کو ہے معلوم
ہے زمانہ میں اس کی بخل کی دھوم

الغرض جس کے پاس ہے کچھ چیز
جان سے بھی سوا ہے اس کو عزیز

قوم پر ان کا کچھ نہیں احساں
ان کا ہونا نہ ہونا ہے یکساں

سب کمالات اور ہنر ان کے
قبر میں ان کے ساتھ جائیں گے

قوم کیا کہہ کے ان کو روئے گی
نام پر کیوں کہ جان کھوئے گی

تربیت یافتہ ہیں جو یاں کے
خواہ بی اے ہوں اس میں یا ایم اے

بھرتے حب وطن کا گو دم ہیں
پر محب وطن بہت کم ہیں

قوم کو ان سے جو امیدیں تھیں
اب جو دیکھا تو سب غلط نکلیں

ہسٹری ان کی اور جیوگرفی
سات پردے میں منہ دیے ہے پڑی

بند اس قفل میں ہے علم ان کا
جس کی کنجی کا کچھ نہیں ہے پتا

لیتے ہیں اپنے دل ہی دل میں مزے
گویا گونگے کا گڑ ہیں کھائے ہوئے

کرتے پھرتے ہیں سیر گل تنہا
کوئی پاس ان کے جا نہیں سکتا

اہل انصاف شرم کی جا ہے
گر نہیں بخل یہ تو پھر کیا ہے

تم نے دیکھا ہے جو وہ سب کو دکھاؤ
تم نے چکھا ہے جو وہ سب کو چکھاؤ

یہ جو دولت تمہارے پاس ہے آج
ہم وطن اس کے ہیں بہت محتاج

منہ کو ایک اک تمہارے ہے تکتا
کہ نکلتا ہے منہ سے آپ کے کیا

آپ شائستہ ہیں تو اپنے لیے
کچھ سلوک اپنی قوم سے بھی کیے

میز کرسی اگر لگاتے ہیں آپ
قوم سے پوچھئے تو پن ہے نہ پاپ

منڈا جوتا گر آپ کو ہے پسند
قوم کو اس سے فائدہ نہ گزند

قوم پر کرتے ہو اگر احساں
تو دکھاؤ کچھ اپنا جوش نہاں

کچھ دنوں عیش میں خلل ڈالو
پیٹ میں جو ہے سب اگل ڈالو

علم کو کر دو کو بہ کو ارزاں
ہند کو کر دکھاؤ انگلستاں

سنتے ہو سامعین باتمکیں
سنتے ہو حاضرین صدر نشیں

جو ہیں دنیا میں قوم کے ہمدرد
بندۂ قوم ان کے ہیں زن و مرد

باپ کی ہے دعا یہ بہر پسر
قوم کی میں بناؤں اس کو سپر

ماں خدا سے یہ مانگتی ہے مراد
قوم پر سے نثار ہو اولاد

بھائی آپس میں کرتے ہیں پیماں
تو اگر مال دے تو میں دوں جاں

اہل ہمت کما کے لاتے ہیں
ہم وطن فائدے اٹھاتے ہیں

کہیں ہوتے ہیں مدرسے جاری
دخل اور خرج جن کے ہیں بھاری

اور کہیں ہوتے ہیں کلب قائم
مبحث حکمت اور ادب قائم

نت نئے کھلتے ہیں دوا خانے
بنتے ہیں سیکڑوں شفا خانے

ملک میں جو مرض ہیں عالم گیر
قوم پر ان کی فرض ہے تدبیر

ہیں سدا اس ادھیڑ بن میں طبیب
کہ کوئی نسخہ ہاتھ آئے عجیب
قوم کو پہنچے منفعت جس سے
ملک میں پھیلیں فائدے جس کے
کھپ گئے کتنے بن کے جھاڑوں میں
مر گئے سیکڑوں پہاڑوں میں
لکھے جب تک جیے سفر نامے
چل دیے ہاتھ میں قلم تھامے
گو سفر میں اٹھائے رنج کمال
کر دیا پر وطن کو اپنے نہال
ہیں اب ان کے گواہ حب وطن
در و دیوار پیرس و لندن
کام ہیں سب بشر کے ہم وطنو
تم سے بھی ہو سکے تو مرد بنو
چھوڑو افسردگی کو جوش میں آؤ
بس بہت سوئے اٹھو ہوش میں آؤ
قافلے تم سے بڑھ گئے کوسوں
رہے جاتے ہو سب سے پیچھے کیوں
قافلوں سے اگر ملا چاہو
ملک اور قوم کا بھلا چاہو
گر رہا چاہتے ہو عزت سے
بھائیوں کو نکالو ذلت سے
ان کی عزت تمہاری عزت ہے
ان کی ذلت تمہاری ذلت ہے
قوم کا مبتذل ہے جو انساں
بے حقیقت ہے گرچہ ہے سلطاں
قوم دنیا میں جس کی ہے ممتاز
ہے فقیری میں بھی وہ با اعزاز
عزت قوم چاہتے ہو اگر
جا کے پھیلاؤ ان میں علم و ہنر
ذات کا فخر اور نسب کا غرور
اٹھ گئے اب جہاں سے یہ دستور
اب نہ سید کا افتخار صحیح
نہ برہمن کو شدر پر ترجیح
ہوئی ترکی تمام خانوں میں
کٹ گئی جڑ سے خاندانوں میں
قوم کی عزت اب ہنر سے ہے
علم سے یا کہ سیم و زر سے ہے
کوئی دن میں وہ دور آئے گا
بے ہنر بھیک تک نہ پائے گا
نہ رہیں گے سدا یہی دن رات
یاد رکھنا ہماری آج کی بات
گر نہیں سنتے قول حالیؔ کا
پھر نہ کہنا کہ کوئی کہتا تھا

میڈیکل ٹیسٹ

دو ملازم ایک کالا اور گورا دوسرا
دوسرا پیدل مگر پہلا سوار راہ وار
تھے سول سرجن کی کوٹھی کی طرف دونوں رواں
کیونکہ بیماری کی رخصت کے تھے دونوں خواست گار
راہ میں دونوں کے باہم ہوگئی کچھ ہشت مشت
کوکھ میں کالے کی اک مکا دیا گورے نے مار
صدمہ پہنچا جس سے تلی کو بہت مسکین کی
آ کے گھوڑے سے لیا سائیس نے اس کو اتار
ٹھوک کر کالے کو گورے نے تو اپنی راہ لی
چوٹ کے صدمے سے غش کالے کو آیا چند بار
آخرش کوٹھی پہ پہنچے جا کے دونوں پیش و پس
ضارب اپنے پاؤں اور مضروب ڈولی میں سوار
ڈاکٹر نے آ کے دونوں کی سنی جب سرگزشت
تہ کو جا پہنچا سخن کی سن کے قصہ ایک بار
دی سند گورے کو لکھ کر جس میں تھی تصدیق مرض
اور یہ لکھا تھا مسائل ہیں بہت زار و نزار
یعنی اک کالا نہ جس گورے کے مکے سے مرے
کر نہیں سکتا حکومت ہند پر وہ زینہار
اور کہا کالے سے تم کو مل نہیں سکتی سند
کیونکہ تم معلوم ہوتے ہو بظاہر جان دار
ایک کالا پٹ کے جو گورے سے فوراً مر نہ جائے
آئے بابا اس کی بیماری کا کیونکر اعتبار

مرغی اور اس کے بچے

شام ہے اور اندھیرے کا وقت   ہے پرندوں کے بسیرے کا وقت
اب ہے پانی کی نہ دانے کی تلاش   جس کو ہے اپنے ٹھکانے کی تلاش
رات بھر جب کہ گزر جائے گی   اور اُجالے کی گھڑی آئے گی
سنو تم اٹھ کے اندھیرے سے ذرا   یہ جو ہے گھر میں تمہارے مرغا
پھڑپھڑاتا ہے پر و بال کو کیا   جاڑ دیتا ہے وہ سستی گویا
اور سمجھتا ہے کہ میں بھی کچھ ہوں   چیختا زور سے ہے ’’ککڑوں کوں‘‘
دن نکلتے ہی ادھر مرغی بھی   فوج بچوں کی لیے نکلے گی
تاکہ وہ صبح کا کھائیں کھانا   رات بھر کے ہیں بے آب و دانہ
چونچ سے دے گی وہ منہ میں ان کے   جو پڑے پائے گی دانے دُنکے
ٹکڑے روٹی کے ہوں یا ہو دانہ   ہے غذا ان کی یہی روزانہ
مینہ برستا ہے تو بچے سارے   آ دبکتے ہیں پروں میں ماں کے
چین سے ان میں چھپے رہتے ہیں   ماں کی چھاتی سے لگے رہتے ہیں
مرغی جس طرح کہ ان بچوں کی   کرتی ہے شام و سحر رکھوالی

بس اسی طرح سمجھ لو کہ خدا
ہے ہماری بھی حفاظت کرتا

بلی اور چوہا

سچ پوچھیے تو چوہوں کا بھی دم ہے ناک میں
دیکھا نا، بلی آ ہی گئی ان کی تاک میں

چوہے ہمیں ستاتے ہیں اور بلیاں انھیں
دم اِن سے اُن کا، اُن سے ہمارا ہے ناک میں

دیکھا تو جا بہ جا سے وہ کترا ہوا ہے آج
آیا تھا اک لفافہ بڑا کل کی ڈاک میں

ان کے سوا تھا چور کہو اس کا اور کون؟
تھا شہد کچھ لگا ہوا بوتل کی کاک میں

گر بلیاں نہ ہوں تو بلیں کھود کھود کر
چوہے ملا کے چھوڑیں مکانوں کو خاک میں

بلی ادھر ہٹی اور ادھر آئے سب نکل
وہ ان کی تاک میں ہے تو یہ اس کی تاک میں

❋ ❋ ❋

شیر کا شکار

سامنے دیکھو ہے وہ جنگل وحشی جانوروں کا دنگل
پھرتے ہیں یاں سب توڑتے کل کل شیر ، بگیلا ، چیتا ، چیتل
بعضے بے آزار ہیں ان میں اور بعضے خوں خوار ہیں ان میں
دیکھنا وہ اک کہری ناہر نکلا اپنی بنی سے باہر
پکڑے گا ظالم داؤں لگا کر کوئی نہ کوئی صید مقرر
بھوک میں ہے سب کچھ کھا لیتا بھیڑوں پہ لیکن جان ہے دیتا
بیٹھ کے ہاتھی پر بے کھٹکے ہم بھی اب اس کے پیچھے پیچھے
آہستہ آہستہ ہیں چلتے ہم سے کہاں جائے گا یہ بچ کے
یہ بھی شکاری، ہم بھی شکاری دید کے قابل ہے یہ سواری
لو دیکھو وہ دبکا دبکا بھیڑوں کے ریوڑ میں جا پہنچا
شیر اور اس پر بھوک میں جھلا کر ہی گیا اک بھیڑ کو لقما
ٹوک کے اور للکار کے اس کو جائیں گے ہم بھی مار کے اس کو
دیکھو دیکھو غل نہ مچاؤ چھتیا کر بندوق لگاؤ
خوب نشانہ بیٹھا ہے آؤ گرتے ہی اس کو جا منگواؤ

کھال ہم اس کی لے کے چلیں گے
دوستوں کو سوغات یہ دیں گے

گھڑیاں اور گھنٹے

ہوں جس قدر آفاق میں گھڑیاں ہوں کہ گھنٹے
ہے سب کا عمل ایک، بڑے یا کہ ہوں چھوٹے
چھوٹے بھی کسی طرح بڑوں سے نہیں ہیٹے
دراصل یہ سب ایک ہی تھیلی کے ہیں بٹے

گو ایک سے ان کے نہیں ہوتے قد و قامت
طے کرتے ہیں پر سب کے سب اک ساتھ مسافت
دوپہر ہو یا رات ہو یا صبح ہو یا شام
جب دیکھیے چلنے سے سدا اپنے انھیں کام

لیتے کی سماعت کی لحظہ نہیں آرام
ہو جاتے اسی میں ہیں بسر عمر کے ایام
نقل و حرکت سے انھیں فرصت نہیں دم بھر
گویا نہیں جانا ہے کہیں دور مہم پر

ہر چند کہ رفتار میں اپنی نہیں مختار
پر ٹھہرنے کو اپنے سمجھتے ہیں یہ بے کار
رہتے ہیں سفر ہی میں، ہو دن یا کہ شب تار
ہٹتے نہیں پیچھے قدم ان کے دم رفتار

جب دیکھیے پاتے ہیں یہ سرگرم روانی
عمر گزراں کی کہو ایک ان کو نشانی

دم رکھتے ہیں گو جان نہیں رکھتے بدن میں
گویا ہیں، زباں گر چہ نہیں ان کے دہن میں

عادت میں نرالے ہیں انوکھے ہیں چلن میں
دیکھا یہ انھی کو کہ مسافر ہیں وطن میں

ہے جیسے کہ گردش میں زمانہ سحر و شام
ان کا وہ سفر ہے نہیں جس کا کہیں انجام

خشکی ہو گزرگاہ میں ان کی کہ سمندر
کھاڑی ہو کہ ہو جھیل، جزیرہ ہو کہ بندر

مینار کے اوپر ہوں کہ تہہ خانے کے اندر
رکھے انھیں پاس اپنے سکندر کہ قلندر

ان کو نہیں یاں اونچ کا یا نیچ کا کچھ غم
اپنی اسی "ٹک ٹک" سے سروکار ہے ہر دم

کھٹکا انھیں آندھی کا نہ بارش کا خطر کچھ
نقصان نہیں جاڑے سے نہ گرمی سے ضرر کچھ

طوفان کا کچھ خوف نہ بھونچال کا ڈر کچھ
ہوں لاکھ تغیر، نہیں پر ان کو خبر کچھ

کچھ موسم گل کی نہ خزاں کی انھیں پروا
ہیں دونوں برابر انھیں پچھوا ہو کہ پُروا

کوڑا ہے یہ اس کے لیے جو راہ سے بھٹکا
کانٹوں میں دیا دامن دل جس نے کہ اٹکا

دیتے ہیں ، سنو غور سے ، ہر دم یہ دہائی
لو وقت چلا ہاتھ سے، کچھ کر لو کمائی

کیا ان کی بساط اور کہو کیا ان کی ہے اوقات
جانے دو نہیں ان میں اگر کوئی کرامات

انصاف کرو تو ہے یہی کتنی بڑی بات
جس کام کے ہیں اس میں لگے رہتے ہیں دن رات

ہیں چلنے میں تھکتے نہ تھکتے نہ مچلتے
جس راہ پر دو ڈال اسی راہ میں چلتے

❖❖❖

دھان بونا

ہوتے ہیں بتاؤ دھان کیوں کر؟ ہم سے سنو آؤ دھیان دے کر
ہے یہ بھی سمجھ لو کام انہی کا جو کرتے ہیں یاں زمیں کی سیوا
پہلے وہ زمیں پر ہل چلا کر اور مٹی تلے کی کر کے اوپر
دیتے ہیں سہاگا پھیر اس پر کرتے ہیں زمیں کو یہ برابر
پھر دیتے ہیں چھوڑ اس میں پانی جو دھان کی کاشت کے ہیں گیانی
پانی ہیں جب اس پر پھیر دیتے ہیں بیج وہاں بکھیر دیتے
ہے سہل اگرچہ دھان بونا آسان نہیں پر اس کا ہونا
یہ دھان ہوئے کہ پان اے یار دونوں کا ہے رکھ رکھاؤ دشوار
بس دھان کو نازک ایسا ہی جان ہو جیسے کہ دھان پان انسان

روٹی کیوں کر میسر آتی ہے

یہ کھاتے ہو جو تم ہر روز روٹی — بتاؤ کیوں کر ہے تیار ہوتی؟
اگر آٹے کی پکتی ہے تو آٹا — بتاؤ ہے کہاں سے روز آتا؟
اگر آٹا یہ گیہوں کا ہے پستا — تو پھر یہ پیسنا ہے کام کس کا
گیہوں کس طرح ہوتے ہیں میسر؟ — اور آتے ہیں کہاں سے اور کیوں کر؟
کسانوں کا ہے یہ احسان ہم پر — کہ ہوتے ہیں گیہوں ہم کو میسر
یہی پہنچاتے ہیں بندوں کو روزی — خدا کے گھر کا سمجھو ان کو مودی
انہی کا کام ہے ہر فصل کی کاشت — انہی کا کام ہے محنت کی برداشت
یہی بو کر بہم پہنچاتے ہیں تاج — ہے اس میں ساری خلقت ان کی محتاج
کسان اکثر ادھر کے اور ادھر کے — گیہوں لے آتے ہیں چھکڑوں میں بھر کے
جو بازاروں میں بنیے ہیں دکان دار — وہ ان چھکڑوں کے ہوتے ہیں خریدار
گیہوں کا بھاؤ اک کر کے مقرر — دکانوں میں وہ اپنی لیتے ہیں بھر
پٹا رہتا ہے سب غلے سے بازار — جدھر دیکھو ادھر غلے کا انبار
گیہوں ہم لوگ لیتے ہیں انہی سے — روپے کے، دو روپے کے، دس روپے کے
تمہارا باپ ہے جو کچھ کماتا — اناج اس کا ہے وہ بھی مول لاتا
تمہاری ماں کو دے دیتا ہے لا کر — وہ ان کو چن پھٹک کر اور بنا کر
خود اپنے ہاتھ سے ہے پیس لیتی — لگا رکھی ہے اس نے گھر میں چکی
اسی چکی کا پیسا تھا وہ آٹا — چڑھے پروان ہو تم جس کو کھا کھا
وہ بے چاری ہمیشہ صبح ہوتے — کہ جب تم بے خبر ہوتے ہو سوتے
جھٹ آٹا پیسنے جا بیٹھتی ہے — عجب بندی خدا کی محنتی ہے

وہ ہے اس ہاتھ سے چکی چلاتی / اور اس سے غلہ پیہم ڈالے جاتی
جب اس کا ہاتھ تھک جاتا ہے دایاں / بدل لیتی ہے تب وہ ہاتھ بایاں
کبھی گھبرا کے دل ہی دل میں اپنے / خدا کا نام وہ لگتی ہے جپنے
کبھی دل کو خدا سے لو لگا کر / تسلی دیتی ہے وہ گیت گا کر
جب آٹا پیس چکتی ہے تو گویا / سمجھتی ہے بڑا گڑھ میں نے جیتا
پر آٹا چھان کر بھوسی جدا کر / اسے بھرتی ہے مٹکے میں اٹھا کر
لگی پھر گوندھنے آٹا جھپا جھپ / اور اس میں مارنے مکی شپاشپ
وہ یوں آٹے کو ہے دیتی پٹخنی / کہ گویا لڑ رہی ہے اس سے کشتی
جب آٹا گوندھ چکتی ہے تو لے کر / توا، دیتی ہے رکھ چولہے کے اوپر
بناتی ہے گندھے آٹے کے پیڑے / کہ ہو جس طرح سے جلدی نبیڑے
وہ جھپ چھپ پھر پکا لیتی ہے روٹی / چپاتی خواہ ہلکی خواہ موٹی
ذرا دیکھو تو کوئی اس کی پھرتی / توے پردم میں ڈالی اور الٹی
پکا کر، ریندھ کر، کھا کر، کھلا کر / ہوئے جھوٹے جو باسن، دھو دھلا کر
لیا کچھ اور گھر کا کام دھندا / یہی ہے اس کا صبح و شام دھندا
کبھی ایندھن نہیں ہوتا میسر / تو لے کر وہ طباق آٹے کا سر پر
پہنچتی ہے بچاری سیدھی تندور / نہیں جو اس کے گھر سے کچھ بہت دور
وہ بھٹیارا جو ہے تندور والا / سب آٹا اس سے پکواتے ہیں لا لا
لگا رہتا ہے صبح و شام تانتا / اک آتا ہے دکاں پر ایک جاتا
وہ باندھے بیٹھا رہتا ہے لنگوٹی / لگاتا ہے بہت پھرتی سے روٹی
گھڑی ، ہاتھوں پہ پھیلائی ، بڑھائی / رفیدے پر دھری اور چٹ لگائی
دکھاتا ہے وہ یوں ہاتھوں کے انداز / کہ جیسے کوئی پھرتیلا پٹے باز

وہ ہے یوں پیٹتا پیڑوں کو پیہم
کہ گویا ٹھونکتا ہے پہلواں خم

اترتی روٹیاں ہیں باری باری
وہ گرما گرم سوندھی اور کراری

اتر سب روٹیاں جب آئیں پک کر
تو دسترخوان سے لاتی ہے ڈھک کر

ادھر تم ساری بہنیں اور بھائی
ہو اس دھن میں کہ آئی ماں اب آئی

تکا کرتے ہو بھوکے راہ ماں کی
سمجھتے کچھ نہیں پر چاہ ماں کی

وہ کرتی رہتی ہے تم سب کی خدمت
نہیں ملتی اسے سونے کی فرصت

یہی رہتا ہے دن رات اس کو رونا
پکانا ، ریندھنا ، سینا ، پرونا

رُندھی رہتی ہے تم بچوں میں دن رات
کرے بھی تو کسی سے کیا کرے بات

نہ ہوش اچھے کا اس کو اور برے کا
نہ ہوڑا پہننے اور اوڑھنے کا

کہیں پڑ رہنا، فارغ جب کہ ہونا
کوئی سونے میں داخل ہے یہ سونا؟

ڈھلا دن اور چڑھا سر، کھانے کا فکر
تمہارے باپ کے گھر آنے کا فکر

سویرے کا وہ جو نکلا ہے گھر سے
پھرے گا شام کو جب کام پر سے

تو اس کو دیکھتے ہی آپ سے آپ
بڑے اور چھوٹے ہو جائیں گے چپ چاپ

قدم رکھے گا جوں ہی گھر کے اندر
سنبھل بیٹھو گے تم سب اس سے ڈر کر

اور اماں چھوڑ کر پھر سوئی تاگا
لگے گی لینے اس کی آگا تاگا

وہ ستانے نہیں پاتا کہ لا کے
بچھا دیتی ہے دسترخوان آگے

گھڑی تم کو کھڑی جھلتی ہے پنکھا
گھڑی پانی پلاتی ہے وہ لا لا

دیے جاتی ہے تم سب کو وہ سالن
رہے اپنے لیے گو کچھ نہ لاون

جو بچ رہتی ہے پیچھے ہڈی بوٹی
لگا کر اس سے کھا لیتی ہے روٹی

اسے تم کو کھلانے سے ہے مطلب
نہیں کچھ اپنے کھانے سے ہے مطلب

اگر کھانے میں آئی تم کو لذت
تو سمجھو لگ گئی نیگ اس کی محنت

نہ پکا گر مزے کا تو نگوڑی
ہوئی جاتی ہے دل میں تھوڑی تھوڑی

بھلا ماں کے سوا کس سے بن آئے؟
نہ کھائے آپ اور تم کو کھلائے

تمہیں کیا فکر ان جھگڑوں کا بھائی
کہ ملتی ہے تمہیں پکی پکائی

پکانے سے نہ پکوانے سے مطلب
اگر ہے تم کو تو کھانے سے مطلب

ذرا سی دیر کھانے میں اگر ہو
تو تم رو رو کے گھر سر پر اٹھا لو

نہ الفت باپ کی تم جانتے ہو
نہ ماں کی مامتا پہچانتے ہو

نہ ان کی محنتوں کی ہے خبر کچھ
نہ ان کی جاں فشانی پر نظر کچھ

نہیں کر سکتے حق ان کا ادا تم
کرو ان پر سے گر جاں بھی فدا تم

دل و جاں سے کرو تم ان کی عظمت
بجا لاؤ ادب سے ان کی خدمت

سمجھ لو اس سے ماں کی قدر و عظمت
کہ اس کے پاؤں کے نیچے ہے جنت

تمہیں محنت سے پالا اور پوسا
ستایا تم نے پر اس نے نہ کوسا

سبق ماں باپ سے یہ سیکھ رکھو
بڑے ہو کر یہی کرنا ہے تم کو

مزا جب ہے کہ ہاتھ ان کا بٹاؤ
بڑے ہو کر تم ان کے کام آؤ

کبھی ہونا نہ تم سست اور کاہل
لگانا اپنے اپنے کام میں دل

نہ ڈھیلی چھوڑنا تم اپنی ڈوری
سمجھنا جی چرانے کو بھی چوری

❋❋❋

موچی

چمڑا مول منگاتا ہوں		دھو کے اسے سکھاتا ہوں
مَل کے نرم بناتا ہوں		یوں چمڑے کو کماتا ہوں
میں موچی کہلاتا ہوں

پینّے وتنے کاٹ کٹا		کرتا ہوں خوب ان کو صفا
پھر لے پتّا اور تلا		سیتا ہوں دونوں کو ملا
یوں کام اپنا بناتا ہوں

پھر جوتی قالب پر چڑھا		ٹھوک ٹھکا اور کوٹ کٹا
رانپی سے بُرشا کے تلا		سیتا ہوں دونوں کو ملا
پھر کام اور لگاتا ہوں

چاہے گر اندھا گھوڑا		میری دکاں کا لو جوڑا
پھر درکار نہیں کوڑا		جتنا چلاؤ ہے تھوڑا
مضبوط ایسا بناتا ہوں

اوروں کی سی یاں نہیں لوٹ		جانیو میری بات نہ جھوٹ
سال کے اندر میرا بوٹ		میں ضامن جو جائے ٹوٹ
اس کی شرط لگاتا ہوں

بابو ہو یا ہو لالہ		گورا ہو یا ہو کالا
بوڑھا ہو یا ہو بالا		ادنیٰ ہو یا ہو اعلیٰ
سب کا حکم بجاتا ہوں

❖❖❖

چٹھی رساں

لو وہ دیکھو آ رہا ہے ڈاکیا — منتظر تھا جس کا ہر چھوٹا بڑا
ہے اسی جانب کو سیدھا اس کا رخ — خط تمہارا ہو گا یا شاید مرا
پوچھتا ہے اس سے ہر اک اپنا خط — نام بتلاتا ہے اپنا اور پتا
دیکھتا ہے وہ لفافہ غور سے — دیتا ہے پڑھ پڑھ کے، ہے لکھا پڑھا
یہ تو بتلاؤ خطوں کا اتنا ڈھیر — اس کو کیوں کر اور کہاں سے مل گیا؟
دیکھتے ہو روز کیفیت یہ تم — پر نہیں رکھتے خبر اس کی ذرا
رات کو سوتے تھے جب ہم، ایک شخص — جا رہا تھا اس طرف سے دوڑتا
تھے کمر سے اس کی کچھ گھنگھرو بندھے — تاکہ سب جانیں کہ ہے یہ ڈاکیا
ہر قدم پر دوڑتا تھا جب کہ وہ — گھنگھروؤں کی اس کے آتی تھی صدا
کہتے ہیں ہرکارہ جس کو تھا وہی — تم نے بھی یہ نام شاید ہو سنا
وہ چلا تھا لے کے ڈاک اس شہر کی — آ کے دم یاں ڈاک خانے میں لیا
تھیلیاں تھیں ایک تھیلے میں کئی — جن سے تھا وہ ڈاک کا تھیلا بھرا
تھیلیوں میں تھے بھرے پیکٹ تمام — تھا کوئی ڈھولا تو کوئی زرد تھا
تھا غرض جو بوجھ اس کے پاس سب — ڈاک منشی کے حوالے کر دیا

شام تک اب اس کو ہوش آئے تو آئے
وہ تو ایسا ہو کے بے دم جا پڑا

اور ادھر وہ تھیلیاں جھٹ پٹ سنبھال
ڈاک منشی نے سنو اب کیا کیا

کھول کر سب کے لیے پیکٹ الگ
اور خط بھی رکھ لیے کر کے جدا

بانٹنے کو ڈاک پھر دے دی تمام
ڈاک کے چٹھی رسانوں کو بلا

ڈاک میں میرا بھی اک آیا ہے خط
اوہو! یہ تو خط ہے میرے دوست کا

پڑھ کے خط تو ہو گی جو ہو گی خوشی
پہلے آنکھوں سے تو لوں اس کو لگا

دوست کے پاس آئے نامہ دوست کا
اس خوشی سے ہے زیادہ اور کیا

اب پڑھوں گا جا کے اطمینان سے
گھر میں اپنے بیٹھ کر سب سے جدا

سپاہی

سنا بھی یہ آواز کیا آ رہی ہے؟
کل کی برابر صدا آ رہی ہے

چلو اٹھو بندوق کندھے پہ رکھو
کہ وقت آ گیا دور جانا ہے تم کو

ملے ہاتھ ہرگز تمہارا، نہ شانہ
جہاں چاہو واں جا کے بیٹھے نشانہ

نظر چاہیے تیز ایسی تمہاری
ہو گویا کہ اس وقت تم اک شکاری

قدم ہو چچا ایسا جیسے ہرن کا
سمجھ لو کہ ہے بس یہی وقت رن کا

کبھی فتح مندی کا دعویٰ نہ کیجیے
کہ چلتے نہیں اس میں دعوے کسی کے

جو ذکر ایسی باتوں کا کرتے ہیں اکثر
ظفرمند انھیں ہوتے دیکھا ہے کم تر

بڑی بات یہ ہے تم اس کو سمجھ لو
کہ فرض اپنا جو ہے بجا لاؤ اس کو

انگلستان کی آزادی اور ہندوستان کی غلامی

کہتے ہیں آزاد ہو جاتا ہے جب لیتا ہے سانس
یاں غلام آ کر کرامت ہے ہی انگلستان کی

اس کی سرحد میں غلاموں نے جو ہے رکھا قدم
اور کٹ کر پاؤں سے ایک اک کے بیڑی گر پڑی

قلب ماہیت میں انگلستان ہے گر کیمیائی
کم نہیں کچھ قلب ماہیت میں ہندوستان بھی

آن کر آزادیاں آزاد رہ سکتا نہیں
وہ رہے ہو کر غلام اس کی ہوا جن کو لگی

❖ ❖ ❖

ریس ۔نیک بنو نیکی پھیلاؤ

سچ بولو سچے کہلاؤ　　سچ کی سب کو ریس دلاؤ
جب اوروں کو راہ بتاؤ　　خود رستے پر تم آجاؤ
قوم کو اچھے کام دکھاؤ　　نیک بنو نیکی پھیلاؤ

ہوگی تم میں گر ستھرائی　　سب سیکھیں گے تم سے صفائی
ہمسایے کی دیکھ بھلائی　　چھوڑتے ہیں ہمسایے برائی
قوم کو اچھے کام دکھاؤ　　نیک بنو نیکی پھیلاؤ

ہے جب گھر میں ایک بھی اچھا　　واں نہ رہے گا نام برے کا
تم بھی چلن دکھلاؤ ایسا　　جس سے ہو سارے جگ میں اُجالا
قوم کو اچھے کام دکھاؤ　　نیک بنو نیکی پھیلاؤ

گاؤں میں آیا ایک جواری　　اس نے بگاڑی بستی ساری
کام میں عزت ہو یا خواری　　لوگ کریں گے ریس تمھاری
قوم کو اچھے کام دکھاؤ　　نیک بنو نیکی پھیلاؤ

جو پڑھنے میں کرتے ہیں محنت　　سیکھتی ہے شوق اس سے جماعت
ہوتی ہے جن کو کھیل کی عادت　　دیتے ہیں سب کو کھیل کی رغبت
قوم کو اچھے کام دکھاؤ　　نیک بنو نیکی پھیلاؤ

محنت کر کے جو ہیں کماتے
سب کو محنت وہ ہیں سکھاتے
جو نہیں ہاتھ اور پاؤں ہلاتے
سب کو اپاہج وہ ہیں بناتے
قوم کو اچھے کام دکھاؤ
نیک بنو نیکی پھیلاؤ

رحم ہے سب کو رحم سکھاتا
ظلم ہے سب کو ظلم سکھاتا
نیک ہے نیکی سب کو بتاتا
بد اَوروں کو بد ہے بناتا
قوم کو اچھے کام دکھاؤ
نیک بنو نیکی پھیلاؤ

سیدہ خاتون

سیدہ کیسی پیاری بچی ہے
صورت اچھی سمجھ بھی اچھی ہے
ذرا دیکھو تو اس کی صورت کو
سچی چینی کی جیسے مورت ہو
ہے ابھی دو برس کی خیر سے جان
پرسب اچھے برے کی ہے پہچان
ماں نے جو کچھ اسے سکھایا ہے
جو ادب قاعدہ بتایا ہے
وہ سبق سارے اس کو ہیں ازبر
نقش ایک ایک بات ہے دل پر
ہے ادب سے بڑوں کا لیتیں نام
سب کو کرتی ہے ہاتھ اٹھا کے سلام
پھر ادب سے وہیں سلام کے ساتھ
پوچھتی ہے مزاج جوڑ کے ہاتھ
جھوٹ موٹ اس کو گر ڈراتے ہیں
بات ڈر کی کوئی سناتے ہیں
بکے پن سے یقیں نہیں کرتی
دیر تک ہے نہیں نہیں کرتی

وہ کسی بات پر مچلتی نہیں
اپنی عادات بھی بدلتی نہیں
ایک بیماری سے تو ہے لاچار
ورنہ روتی نہیں کبھی زنہار
ایسی کم عمر بے سمجھ ہوکر
دودھ بھی مانگتی نہیں روکر
بے پیے دودھ جب نہیں سرتی
ہے وہ ماں کی خوشامدیں کرتی
کبھی کہتی ہے پیار سے اماں
اور کبھی ڈالتی ہے گل بیاں
کوٹ کوٹ اس میں ہے بھری غیرت
اس کو کوئی گھرک دے، کیا طاقت
ماں نے جھوٹوں کبھی جو گھور دیا
اس نے سچ مچ وہیں بسور دیا
ماں کی خفگی سے ہے بہت ڈرتی
اس کے تیور ہے دیکھتی رہتی
جب ذرا دیکھتی ہے چپ ماں کو
بار بار اس سے کہتی ہے بولو
ماں یہ سن کر اگر ذرا ہنس دی
پھر کوئی دیکھے اس کی، آکے خوشی

ہنستی ہے اور کھل کھلاتی ہے
بچی پھولی نہیں سماتی ہے
پھوپھیوں سے تو ہے لگاؤ بہت
گھر کی خالاؤں کا ہے چاؤ بہت
ہے چچاؤں کے نام کی عاشق
ان کے کلمے کلام کی عاشق
غور سے ان کا پڑھنا سنتی ہے
اور سن سن کے سر کو دھنتی ہے
ختم جب ہو چکے ہیں ان کے بول
کہتی ہے بار بار "ابا اول"
آرزو تو بہت ہے بولنے کی
پر نہیں اٹھتی ہے زباں ابھی
یوں تو تھی جب ہی پیاری اس کی زباں
جب کہ کرنے لگی تھی وہ "غوں غاں"
پھر تو آتا ہے اس پر اور بھی پیار
ہوتی جاتی ہے جس قدر ہوشیار
لوٹ جاتے ہیں ہنستے ہنستے سب
زرگری اپنی بولتی ہے جب
نئے آتے ہیں گھر میں جب مہماں
دیکھ دیکھ ان کو ہوتی ہے خنداں

پا کے بیٹھا ادھر ادھر سب کو
دیکھتی ہے مٹر مٹر سب کو
اوپری شکل سے ہے گھبراتی
ہے مگر جلد سب سے ہل جاتی
ہیں جو ماں جائے بھائی اور بہن
یوں تو ہے سب کی اس کے دل میں لگن
پر ذرا بھائی سے ہے لاگ اس کو
کیونکہ اوپر تلے کے ہیں دونو!
بس جہاں بھائی ماں کے پاس آیا
اور وہیں اس نے ہاتھ پھیلایا
جا لپٹتی ہے دوڑ کر ماں سے
بھائی سے کہتی ہے ہٹو یاں سے
عمر اس کی خدا دراز کرے
علم سے اس کو سرفراز کرے
چڑھیں ماں باپ کی سلامتی میں
سارے پروان بھائی اور بہنیں

❖ ❖ ❖

رحم و انصاف

ایک دن رحم نے انصاف سے جا کر پوچھا
کیا سبب ہے کہ ترا نام ہے دنیا میں بڑا
نیک نامی سے ترے سخت تحیر ہے ہمیں
ہاں سنیں ہم بھی کہ ہے کون سی خوبی تجھ میں
دوستی سے تجھے کچھ دوستوں کی کام نہیں
آنکھ میں تیری مروت کا کہیں نام نہیں
قتل انسان ہمیشہ سے ہے عادت تیری
سیکڑوں چڑھ گئے سولی پہ بدولت تیری
جان پہچان کا ساتھی ہے نہ انجان کا دوست
یار ہندو کا ہے تو اور نہ مسلمان کا دوست
دم میں تو صحبت دیرینہ بھلا دیتا ہے
دوستی خاک میں برسوں کی ملا دیتا ہے
اسی کرتوت پہ اے عدل یہ دعوے ہیں تجھے
کہ بنا امن کی دنیا میں ہے قائم مجھ سے
ایک تو ہے کہ یگانوں کے ہیں دل تجھ سے فگار
ایک میں ہوں کہ نہیں غیر بھی مجھ سے بیزار
رحم ہے نام مرا لطف و کرم کام مرا
فیض ویرانہ و آباد میں ہے عام مرا
میری سرکار میں ہوجاتے ہیں سب عذر قبول
میرے دربار سے جاتے ہیں مجرم بھی ملول
غم مرے سامنے شادی سے بدل جاتے ہیں
ہنستے جاتے ہیں جو یاں روتے ہوئے آتے ہیں

میں ہر اک درد میں ہو جاتا ہوں انسان کے شریک
میں نہ ہوتا تو نہ دیتا کوئی محتاج کو بھیک
تجھ سے ہوتے اگر اے عدل جہاں میں دوچار
لٹ گئی ہوتی کبھی کی مرے گلشن کی بہار
جب سنا رحم سے یہ ولولہ انگیز خطاب
کہا انصاف نے ہو حکم تو دوں اس کا جواب
آپ کی نیکیوں سے کس کو ہے انکار یہاں
کیوں کہ ہے ذکر جمیل آپ کا مشہور جہاں
مگر اے رحم برا ماننے کی بات نہیں
نیکیاں آپ کو کر دیں نہ یہ بدنام کہیں
ہم نے مانا کہ مروت بھی بڑی ہے اک چیز
پر مروت کے لیے شرط ہے اے دوست تمیز
دوستوں کو ہے اشارہ کہ کسی سے نہ ڈرو
دشمنوں سے یہ مدارا کہ جو چاہو سو کرو
باپ کا حکم نہیں مانتے فرزند رشید
اور نوکر نہیں دیتے کبھی آقا کو رسید
لڑکے استاد کی گھڑکی کو نہیں مانتے کچھ
بد معاش اہل پلس کو نہیں گردانتے کچھ
یوں تو اے رحم تری ذات میں جوہر ہیں بہت
خیر تھوڑی ہے مگر آپ میں اور شر ہیں بہت
ایک رہزن کو جو تو قید سے چھٹواتا ہے
بیسیوں قافلوں کو جان کے لٹواتا ہے

باپ کو ہونے نہیں دیتا جو بیٹے سے خفا
بے ادب رکھنا اسے چاہتا ہے تو گویا
بے مروت ہوں اگر میں تو یہ جوہر ہے مرا
جس کو تو عیب سمجھتا ہے وہ زیور ہے مرا
میں ہی تھا جس نے کہ ویرانوں کو آباد کیا
میں ہی تھا جس نے کہ اخباروں کو آزاد کیا
کھو دیا میں نے نشاں سلطنتِ شخصی کا
اور دنیا سے غلامی کو مٹا کر چھوڑا
حکم و قانون کسی گھر میں مقید نہ رہا
سلطنت نام ہے اب قوم کی پنچایت کا
سر ذرا جس نے اٹھایا اسے کھوکر چھوڑا
پاپ کی ناؤ کو دریا میں ڈبو کر چھوڑا
گفتگو ختم پہ انصاف کی جب آ پہونچی
عقل پُرکار قضاکار وہاں جا پہونچی
واں جو دیکھا تو ہے دو بھائیوں میں کچھ تکرار
اور ہراک کو بزرگی پہ ہے اپنی اصرار
رحم ادھر عدل سے کہتا ہے کہ تو ہے کیا چیز
اور ادھر رحم کو ہے عدل سمجھتا ناچیز
عقل نے دونوں کی تقریر سنی سر تا پا
کہہ چکے وہ تو یہ سنجیدہ جواب ان کو دیا
خیر ایک کان ہے تم جس کے ہو گو ہر دونوں
ایک سے ایک ہو تم بہتر و برتر دونوں

صاف کہتی ہوں سن اے رحم نہیں اس میں خلاف
تو ہے اک قالب بے روح نہ ہو گر انصاف
اور سن اے عدل نہیں اس میں تکلف سرمو
گر نہ ہو رحم تو اک دیدۂ بے نور ہے تو
سرسری فیصلہ تو یہ ہے اگر تم مانو
اور نہیں مانتے گر بات مری تم جانو
ابھی اک نکتہ میں تم دونوں کو جھٹلاتی ہوں
لو سنو غور سے میں کہتی ہوں اور جاتی ہوں
فرق اصلاً نہیں تم دونوں میں لڑتے کیوں ہو
جب کہ تم ایک ہو آپس میں جھگڑتے کیوں ہو
رحم کہلائے جو مظلوم کی فریاد سنے
عدل ٹھہرے جو سزا ظالم بے رحم کو دے
وہی شفقت ہے کہ استاد کی ہے مار کبھی
اور ماں باپ کی ہو جاتی ہے چمکار کبھی
وہی شفقت ہے کہ ہے گھور کہیں پیار کہیں
وہی جلوہ ہے کہ ہے نور کہیں نار کہیں
رحم اور عدل سے جب عقل نے تقریر یہ کی
اور دی ساتھ ہی حالیؔ نے شہادت اس کی
رہی باقی نہ فریقین کو جائے انکار
چار نا چار کیا یک جہتی کا اقرار
بڑھ کے پھر دونوں ملے ایسے کہ گویا تھے ایک
مل کے ہو جائیں کہیں جیسے کہ دو دریا ایک

❖❖❖

دیس کی یاد

بیزار اک اپنے جان و تن سے
بچھڑا ہوا صحبتِ وطن سے

غربت کی صعوبتوں کا مارا
چلنے کا نہیں ہے جس کو یارا

غم خوار ہے کوئی اور نہ دل جو
اک باغ میں ہے پڑا لبِ جو

ہیں دھیان میں کلفتیں سفر کی
آپے کی خبر ہے اور نہ گھر کی

ابر اتنے میں اک طرف سے اٹھا
اور رنگ سا کچھ ہوا کا بدلا

برق آکے لگی تڑپنے پیہم
اور پڑنے لگی پھوار کم کم

آنے جو لگے ہوا کے جھونکے
تھے جتنے سفر کے رنج بھولے

سامان ملے جو دل لگی کے
یاد آئے مزے کبھی کبھی کے

دیکھے کوئی اس گھڑی کا عالم
وہ آنسوؤں کی جھڑی کا عالم

وہ آپ ہی آپ گنگنانا
اور جوش میں آ کبھی یہ گانا

"اے چشمۂ آبِ زندگانی!
گھٹیو نہ کبھی تری روانی

جاتی ہے جدھر تری سواری
بستی ہے اسی طرف ہماری

اول کہیو سلام میرا
پھر دیجیو یہ پیام میرا
قسمت میں یہی تھا اپنی لکھا
فرقت میں تمھاری آئی برکھا

آتا ہے تمھارا دھیان جسدم
مرغابیاں تیرتی ہیں باہم
ہم تم یونہی صبح و شام اکثر
تالاب میں تیرتے تھے جاکر

جب سبزہ و گل ہیں لہلہاتے
صحبت کے مزے ہیں یاد آتے
ہم تم یونہی ہاتھ میں دیے ہاتھ
پھرتے تھے ہوائیں کھاتے دن رات

جب پیڑ سے آم ہے ٹپکتا
میں تم کو ادھر اُدھر ہوں تکتا
آخر نہیں پاتا جب کسی کو
دیتا ہوں دعائیں بے کسی کو

رت آم کی آئے اور نہ ہوں یار
جی اپنا ہے ایسی رت سے بیزار
تم بن جو ہے بوند تن پہ پڑتی
چنگاری سی ہے بدن پہ پڑتی

ہے سرد ہوا بدن کو لگتی
پر دل میں ہے آگ سی سلگتی
پردیس میں سچ ہے کیا ہو جی شاد
جب جی میں بھری ہو دیس کی یاد"

اچھی عادتیں

بڑھاؤ نہ آپس میں ملّت زیادہ
مبادا کہ ہو جائے نفرت زیادہ
تکلف علامت ہے بیگانگی کی
نہ ڈالو تکلف کی عادت زیادہ
کرو دوستو! پہلے آپ اپنی عزت
جو چاہو کریں لوگ عزت زیادہ
فراغت سے دنیا میں دم بھر نہ بیٹھو
اگر چاہتے ہو فراغت زیادہ
جہاں رام ہوتا ہے میٹھی زباں سے
نہیں لگتی کچھ اس میں دولت زیادہ
مصیبت کا اک اک سے احوال کہنا
مصیبت سے ہے یہ مصیبت زیادہ
ہے الفت بھی وحشت بھی دنیا سے لازم
نہ الفت زیادہ نہ وحشت زیادہ

❋❋❋

علم کی ضرورت

گیا دورہ حکومت کا بس اب حکمت کی ہے باری
جہاں میں چار سو علم و عمل کی ہے علمداری

جنھیں دنیا میں رہنا ہے، رہے معلوم یہ ان کو
کہ ہیں اب جہل و نادانی کے معنی ذلت و خواری

جہاں علمِ تجارت میں نہ ماہر ہوں گے سوداگر
تجارت کی نہ ہوگی تا قیامت گرم بازاری

نہ آئے گی پسند ان نوکروں کی خدمت و طاعت
جنھیں پائیں گے آقا زیورِ تعلیم سے عاری

کوئی پیشہ نہیں اب معتبر بے ترتیب ہرگز
نہ فصادی نہ جراحی نہ کحالی نہ عطاری

جہاں تک دیکھئے تعلیم کی فرماں روائی ہے
جو سچ پوچھو تو نیچے علم ہے اوپر خدائی ہے

گئے وہ دن کہ تھا علم و ہنر انسان کا زیور
ہوئی ہے زندگی خود منحصر اب علم و دانش پر

کوئی بے علم روٹی سیر ہو کر کھا نہیں سکتا
نہ زرگر اور نہ آہنگر نہ بازی گر نہ سوداگر

مہندس چاہیے مزدور اور اب راج اقلیدس
بس اب دنیا میں بے علموں کا ہے اللہ ہی یاور

گئے وہ دن کے تھے معدوم کام انسان کے سارے
برابر تھا بیئے کا گھونسلا اور آدمی کا گھر

یہ دورہ ہے بنی آدم کی روز افزوں ترقی کا
جو آج اک کام ہے اعلیٰ توکل ہے اس سے اعلیٰ تر

کوئی دن میں خسارہ سب سے بڑھ کر اس کو سمجھیں گے
کہ دو دن آدمی ٹھہرا رہے یاں ایک حالت پر

نہ تھا غیراز ترقی فرق کچھ انسان و حیواں میں
دیا ہے امتیاز انساں کو یہ تعلیم نے آکر

زمانہ نام ہے میرا تو میں سب کو دکھادوں گا
کہ جو تعلیم سے بھاگیں گے نام ان کا مٹادوں گا

❖❖❖

لاڈلا بیٹا

لاڈلا بیٹا تھا اک ماں باپ کا
جان ماں کی اور ایماں باپ کا
دیکھ اسے ہوتے تھے دونوں باغ باغ
تھا وہی لے دے کے اس گھر کا چراغ
ہرطرح اس کی رضا مقصود تھی
جان تک اس کے لیے موجود تھی
پر رہِ مکتب سے کتراتا تھا وہ
نام سے پڑھنے کے گھبراتا تھا وہ
جب ہوا وہ ناز پرورده جواں
رنگ لائیں اس کی بے پروائیاں
آ پڑا اس کا وہی آخر کو رنگ
لاڈلے بیٹوں کا جو ہوتا ہے ڈھنگ
سامنا ماں باپ کا کرنے لگا
ہمسری کا ان کی دم بھرنے لگا
حق تو ان سے اس کے کیا ہوتے ادا
اور ناراض ان کو وہ رکھنے لگا
جہل و نادانی کی تھیں طغیانیاں
رات دن کرتا تھا نا فرمانیاں
پند سے ناصح کی نفرت تھی اسے
سائے سے اچھوں کے وحشت تھی اسے

گھر میں آ اک اک سے لڑ جاتا تھا وہ
باتوں باتوں میں بگڑ جاتا تھا وہ
دل پہ قابو زینہار اس کو نہ تھا
اور زباں پر اختیار اس کو نہ تھا
اصل میں کچھ بد نہ تھی اس کی سرشت
کر دئے تھے جہل نے اطوار زشت
گونہ مطلق آدمیت اس میں تھی
پر جھلکتی قابلیت اس میں تھی
بدچلن تھا پر نہ تھی طینت بری
فطرت اچھی تھی مگر عادت بری
چڑھ رہا تھا اس پہ بدصحبت کا رنگ
لگ رہا تھا روشن آئینے کو زنگ
جب گئی عادت بگڑ حد سے سوا
آ گیا دم ناک میں ماں باپ کا
باپ نے اک روز گھر میں بیٹھ کر
یوں کہا بیٹے سے اے جانِ پدر
یاد ہیں وہ دن بھی تم کو یا نہیں
جب کہ یہ رعنائیاں تم میں نہ تھیں
جب خبر اپنی نہ تھی کچھ آپ کو
جانتے تھے تم نہ ماں اور باپ کو
ہاتھ اور بازو یہ سب بیکار تھے
سخت بے بس تھے تم اور لاچار تھے

بھوکے یا پیاسے اگر ہوتے تھے تم
کچھ نہ کہتے تھے مگر روتے تھے تم
ہم سمجھ لیتے تھے لیکن مدعا
بھوک کا رونا ہے یا ہے پیاس کا
پیاس میں مضطر جو پاتے تھے تمھیں
بن کہے پانی پلاتے تھے تمھیں
تم کو کچھ تکلیف ہوتی تھی اگر
خود بخود تھی دل کو ہو جاتی خبر
چین ہو جاتا تھا سارا برطرف
پھرتے تھے بے تاب دوڑے ہر طرف
ناز اٹھاتے تھے طبیبوں کے سدا
ڈھونڈتے پھرتے تھے شربت اور دوا
آئے گی خدمت ہماری یاد جب
ہوگے تم خود صاحبِ اولاد جب
سن تمھارا جب زیادہ کچھ ہوا
پھر پڑھانے کا ارادہ کچھ ہوا
اک معلم رکھا اور اک خوش نویس
یاد ہوگی تم کو ان دونوں کی فیس
تم کو کب فرصت تھی کود اور پھاند سے
بھاگتے تھے تم نوشت و خواند سے
تم نے آخر جب نہ کچھ پڑھ کر دیا
دے کے کچھ دونوں کو رخصت کر دیا

جب ہوئے فضلِ الٰہی سے جواں
سر پر شادی کا چڑھا بارِگراں
اپنے دل میں بس یہی ہم نے کہا
ایک بیٹا اور وہ بھی لاڈلا
ٹھان کر یہ جی میں دی شادی رچا
اپنے سے جو ہو سکا سب کچھ کیا
تم نے جو چاہا ، کھلایا وہ تمھیں
تم نے جو مانگا ، پنھایا وہ تمھیں
خوب تم نے قدر کی ماں باپ کی
خوب خدمت کی ہماری داد کی

باپ کا تم کو ادب اصلاً نہیں
ماں کی خدمت کی تمھیں پروا نہیں
گھر میں دو دو دن نہیں آتے ہو تم
آتے ہو اک اک سے لڑ جاتے ہو تم
منہ نہیں ہوتا کسی کے رُوبرو
خاک میں تم نے ملا دی آبرو
آپ میں ہوتا اگر کچھ حوصلہ
آدمیت کا تھا اب یہ مقتضا
ہم رہے جیسے فدا تم پر مدام
تم بڑھاپے میں ہمارے آتے کام

ہم بھی یاں سُکھ پاتے کچھ اولاد کا
نام چلتا دیکھتے اجداد کا

خیر اب ہم کو تو یاں رہنا ہے کم
کوئی دن کے اور ہیں مہمان ہم
پر تمھیں ہے کاٹنی اک عمریاں
ہو ابھی فضلِ الٰہی سے جواں
ناز و نعمت کا زمانہ ہو چکا
خواب و غفلت کا زمانہ ہو چکا
گر رہے اب بھی یونہی تم نادرست
خود زمانہ تم کو کردے گا درست
گردشیں دیں گی نکال ایک ایک بل
ٹھوکریں کھا کھا کے جاؤ گے سنبھل
پر سنبھلنا واں یہ کس کام آئے گا
جب سنبھلنے سے نہ سنبھلا جائے گا
ہوگی اُڑنے کی ہوس تم کو مگر
ہوں گے اُڑنے کے نہ اس دم بال و پر
عقل ہوگی پر نہ ہو گا اقتدار
عزم ہوگا پر نہ ہوگا اختیار
جب کہ گیتی رنگ یہ دکھلائے گی
تب ملامت باپ کی یاد آئے گی

✤✤✤

برسات

برسات کا بج رہا ہے ڈنکا
اک شور ہے آسماں پر برپا

ہے ابر کی فوج آگے آگے
اور پیچھے ہیں دَل کے دَل ہوا کے

ہیں رنگ برنگ کے رسالے
گورے ہیں کہیں ، کہیں ہیں کالے

ہے چرخ پہ چھاوَنی سی چھاتی
ایک آتی ہے فوج ایک جاتی

جاتے ہیں مہم پہ کوئی جانے
ہمراہ ہیں لاکھوں توپ خانے

توپوں کی ہے جب کہ باڑھ چلتی
چھاتی ہے زمین کی دہلتی

بجلی ہے کبھی جو کوند جاتی
آنکھوں میں ہے روشنی سی آتی

گھنگھور گھٹائیں چھا رہی ہیں
جنت کی ہوائیں آ رہی ہیں

کوسوں ہے جدھر نگاہ جاتی
قدرت ہے نظر خدا کی آتی

سورج نے نقاب لی ہے منہ پر
اور دھوپ نے تہہ کیا ہے بستر

باغوں نے کیا ہے غسل صحت
کھیتوں کو ملا ہے سبز خلعت

بٹیا ہے نہ ہے سڑک نمودار
اٹکل سے ہیں راہ چلتے رہوار

ہے سنگ و شجر کی ایک وردی
عالم ہے تمام لاجوردی

پھولوں سے پٹے ہوئے ہیں کہسار
دولھا سے بنے ہوئے ہیں اشجار

پانی سے بھرے ہوئے ہیں جل تھل
ہے گونج رہا تمام جنگل

کہتے ہیں پپیہے ، پیہو، پیہو
اور مور پکارتے ہیں ہر سو

کوئل کی ہے کوک دل لبھاتی
گویا کہ ہے دل میں بیٹھ جاتی

مینڈک جو ہیں بولنے پہ آتے
سنسار کو سر پہ ہیں اٹھاتے

سب خوانِ کرم سے حق کے ہیں سیر
پانی میں مگر کبھار میں شیر

جاتا ہے کوئی ملھار گاتا
ہے دیس میں کوئی گنگناتا

بھنگی ہیں نشے میں گاتے پھرتے
اور بانسریاں بجاتے پھرتے

ہیں شکر گزار تیرے برسات
انسان سے لے کے تا جمادات

دنیا میں بہت تھی چاہ تیری
سب دیکھ رہے تھے راہ تیری

تجھ سے ہے کھلا یہ راز قدرت
راحت ملتی ہے بعد کلفت

❖❖❖

پیشے (ماں سے بیٹوں کی گفتگو)

میں کسان بنوں گا

میں بڑا ہوں گا جب تو اماں جان
اپنے مقدور بھر بنوں گا کسان
کام جو کرنا چاہو ہے آسان
ہیں یہ آخر کسان بھی انسان
نہیں محنت سے ہوں میں گھبراتا
خالی پھرنا نہیں مجھے بھاتا
ہل چلاؤں گا بیج بوؤں گا
شوق میں کھاؤں گا نہ سوؤں گا
وقت پر جب کہ غلہ کاٹوں گا
بھائی بہنوں کا حصہ باٹوں گا
ناج سے گھر تمہارا بھر دوں گا
ان سے تم کو نچنت کر دوں گا
چھکڑے بھر بھر کے شہر جاؤں گا
ناج کے بدلے چاندی لاؤں گا
بھُس کے انبار یاں لگا دوں گا
گائے بیلوں کو میں چھکا دوں گا

اتنی لایا کروں گا ترکاری
کہ نہ آئے گی پکنے کی باری
الغرض خوب سا کماؤں گا
جو کماؤں گا گھر میں لاؤں گا
کام کوئی نہ پھر رہے گا بند
میں بنا دوں گا تم کو دولت مند

❋ ❋ ❋

میں فوج کا سپاہی بنوں گا

میں جواں ہوں گا جب تو اماں جان
اپنے جی میں یہ میں نے لی ہے ٹھان
تم نے مجھ کو اگر اجازت دی
فوج میں جا کے ہوں گا میں بھرتی
ہے بہت ہی یہ میرے جی میں امنگ
سیکھ لوں میں کہیں قواعدِ جنگ
میں نے سیکھی ہے مدرسوں میں ڈرل
ایسی ہو گی کہاں کی وہ مشکل
گو نہیں ہوں سپاہی زادہ میں
ہوں سپاہی سے پر زیادہ میں
جنگ کی ہے مہم سے کیا ڈرنا
آدمی کو ہے ایک دن مرنا
مشق بندوق کی لگانے کی
رسم ہے آج کل زمانے کی
روز مرہ کا ہے یہ خاصا کھیل
ہوئی تو کیا کبھی کبھی کی جھمیل
کام اپنا کیا کروں گا خوب
فرض اپنا ادا کروں گا خوب
حکم کی وہ کروں گا میں تعمیل
کہ نہ ہو گی ذرا بھی اس میں ڈھیل

کیا عجب ہے رسالدار بنوں
اور سواروں میں شہ سوار بنوں
فوج میں ہو کچھ آبرو میری
ہے یہ مدت سے آرزو میری
ملک میں جبکہ ہو گی میری دھاک
اونچی ہو جائے گی تمہاری ناک
پھر تو تم کو بھی اے مری اماں
سب کہیں گے رسالدار کی ماں

❈❈❈

میں باغ کا مالی بنوں گا

میری جاں اور میری اماں جی
میں بڑا ہوں تو چاہتا ہے جی
گھر میں بیٹھا رہوں نہ یوں خالی
آپ کے باغ کا بنوں مالی
خود ہی اس کام سے مجھے ہے لگاؤ
کوئی مجھ کو بتاؤ یا نہ بتاؤ
کیاریاں ہر طرح کی کھودوں گا
خوب ان کی زمیں کو گودوں گا
ایسا رکھوں گا رستہ صاف ان کا
کہیں ڈھونڈا نہ پائے گا تنکا
نت نئے پھول میں اگاؤں گا
دیکھنا کیسے گل کھلاؤں گا
باغ میں اپنے نہر لوں گا میں
سر درختی میں پانی دوں گا میں
جو لگاؤں گا پود جائے گی لگ
اور پودے لگاؤں گا سو الگ
موتیا اور چنبیلی اور جوہی
روز کے روز ڈھیروں اترے گی

ہے بہت شوق تم کو پھولوں سے
روز لاؤں گا جھولیاں بھر کے
کیوں نہ آئے گی آئے دن ڈالی
جب خدا اپنے گھر کا دے مالی
کس طرح ہو گی پھر نہ خوش حالی
آپ کا باغ، آپ کا مالی

❖❖❖

میں دھوبی بنوں گا

میری تو یہ خوشی ہے اماں جی
کہ بڑا ہو کے میں بنوں دھوبی
صبح اٹھتے ہی ہاتھ اور منہ دھو
فارغ اپنی ضرورتوں سے ہو
روز جایا کروں میں دریا پر
لادی کپڑوں کی بیل پر لے کر
چھوڑ دوں بیل کو وہاں چرنے
اور کام اپنا پھر لگوں کرنے
اونچے کر کر کے دست و بازو میں
کپڑے دھویا کروں چھوا چھو میں
لاؤں دھو دھو کے ایسے میں کپڑے
اُجلے، براق، صاف اور ستھرے
برف شرمائے دیکھ کر جن کو
آنکھ میں میل ہو اور ان میں نہ ہو
محنت اس طرح کر کے میں دن بھر
گھاٹ سے آؤں شام کو گھر پر

ٹھیک کر کے کلپ سے کندی سے
مالکوں کو دے آؤں جلدی سے
پھر یوں ہی میلے کپڑے لا لا کر
از سر نو چڑھاؤں بھٹی پر
گھاٹ کی آج، گھر کی کل باری
رہے یہ سلسلہ یوں ہی جاری
الغرض خوب کپڑے دھوؤں گا
نہ چراؤں گا اور نہ کھوؤں گا
نہ کبھی کام سے تھکوں گا میں
کام یہ خوب کر سکوں گا میں
کھاؤں گا اور کھلاؤں گا اماں
تم کو میں حق حلال کا لقما

❖❖❖

میں پولس مین بنوں گا

جب کہ ہوں گا بڑا تو اے حضرت
لوں گا کوئی پولس کی میں خدمت
کانسٹیبل بنوں گا اول بار
اور پھر رفتہ رفتہ تھانے دار
پھر ہوا سامنے نصیب اگر
کوتوالی کا آئے گا نمبر
گشت کرتا پھروں گا راتوں کو
دیکھنا چوٹوں کی گھاتوں کو
چور، اچکے، اٹھائی گیرے جو
پاؤں گا، باندھ لاؤں گا سب کو
میرے دل پر رہے گا چور کا داغ
جب تک اس کا لگا نہ لوں گا سراغ
بدمعاشوں کو تنگ کر دوں گا
جیل خانوں کو ان سے بھر دوں گا
جو کروں گا تو میں دل و جاں سے
راست بازی سے اور ایماں سے
نہیں کرنے کا تیرا میرا خوف
دل میں رکھوں گا بس خدا کا خوف
ہو گر اس نوکری میں خوف خدا
تو نہیں کام کوئی اس سے بھلا

❃❃❃

ڈاکیا سب سے اچھا

میں بڑا ہوں گا جب کہ بی اماں
ہو سکا تو بنوں کا چٹھی رساں
ڈاک خانے سے ڈاک لاؤں گا
پھرتی سے جاؤں گا اور آؤں گا
لے کے سب چٹھیوں کا میں طومار
اور لگا کر انھیں محلے دار
بانٹ آیا کروں گا نام بنام
صبح کی صبح اور شام کی شام
کارڈ ہوں یا لفافے یا پیکٹ
پارسل اور سارے پیمفلٹ
لاؤں گا اپنی ذمہ داری سے
اور دوں گا بھی ہوشیاری سے
حق خدمت ادا کروں گا میں
غفلتوں سے بچا کروں گا میں
کام اپنا کروں گا چستی سے
نہ کہ مچلائی اور سستی سے
خط کسی کا نہ میں کروں گا تلف
نہ بنوں گا ملامتوں کا ہدف
کھاؤں گا اور کھلاؤں گا ایسی
تم کو اماں حلال کی روزی

میں بڑھئی بنوں گا

جب کہ اماں جوان ہوں گا میں
ایک بڑھئی مستری بنوں گا میں
نہ بڑھئی وہ، ہے جن کا نام بڑھئی
جو کہ پھرتے ہیں کہتے ''ام بڑھئی''
بلکہ ایسا بنوں گا کاری گر
خود غرض مند آئیں جس کے گھر
آرزو ہی میری بر آئے کاش
دیکھنا پھر میری تراش خراش
میں نہانی سے اور بسولے سے
ایسے کتروں گا پول اور پتے
کہ کروں گا مصوروں کو مات
رہوں مات ان کو کر کے تو ہے بات
اس ہنر میں بنوں گا میں استاد
اور کروں گا نئے نئے ایجاد
لکڑی برتا کروں گا میں نگر
آئے، لاگت زیادہ آئے اگر
چیز گھٹیل کبھی نہ بیچوں گا
نفع سے ایسے ہاتھ کھینچوں گا
میرا سامان ہو گا سب اچھا
عمدہ سے عمدہ تحفہ سے تحفہ
کارخانہ خود اک بنا لوں گا

بیسیوں کاریگر بٹھا لوں گا
ہو گی جب ہر طرف مری شہرت
دیکھنا گاہکوں کی پھر کثرت
مستری ایک ہو اگر ہشیار
ہر جگہ اس کے مشتری ہیں ہزار

بچّوں کی نظمیں

سیمابؔ اکبرآبادی

خدا

خدا ایک ہے ، کوئی اُس سا نہیں
اُسی کے ہیں سب آسماں اور زمیں

وہ مالک ہے اور سب کا داتا ہے وہ
کسے کون دیتا ہے ، دیتا ہے وہ

یہ سب آدمی ، پیڑ اور جانور
یہ کنکر ، یہ پتھر ، یہ بحر اور بر

اُسی کے ہیں سارے بنائے ہوئے
اُسی کے بسائے سجائے ہوئے

بد و نیک بندوں کا والی ہے وہ
یہ سب پھول اُس کے ہیں ، مالی ہے وہ

تندرستی ہزار نعمت ہے

جسے حاصل جہاں میں صحت ہے   اُسے حاصل ہر ایک دولت ہے
اُسے دولت کی کیا ضرورت ہے   یعنی دولت کی کیا حقیقت ہے
تندرستی ہزار نعمت ہے

کوئی دنیا میں ہو امیر ہزار   کچھ نہ اس کی دولتوں کا شمار
میں کہوں گا یہی پکار پکار   تندرستی نہ ہو تو سب بیکار
تندرستی ہزار نعمت ہے

ایک تھا بادشاہ بحر و بر   تھا پڑا بسترِ علالت پر
سامنے اُس کے تھا خزانۂ زر   وہ یہی کہہ رہا تھا رو رو کر
تندرستی ہزار نعمت ہے

تندرستی کی دُھن رکھو بچو   قدر اُس کی بہت کرو بچو
تندرستی بری نہ ہو بچو   تندرستی ہے کیا؟ سنو بچو
تندرستی ہزار نعمت ہے

❋❋❋

خدا کا شکر ادا کرو

ادب کرو، حیا کرو   خدا سے التجا کرو
اسی کا آسرا کرو   اسی سے ہر دعا کرو
خدا کا شکر ادا کرو

بنایا اُس نے آدمی   سمجھ بھی دی تمیز بھی
اُسی نے دی ہے زندگی   جہاں کا ہے رب وہی
خدا کا شکر ادا کرو

نہیں ہے اُس سا دوسرا   وہ دو جہاں کا ہے خدا
اُسی نے علم بھی دیا   بنائے پیڑ اور ہوا
خدا کا شکر ادا کرو

اُسی سے ہر دعا کرو   اُسی کا آسرا کرو
خدا کا شکر ادا کرو

بچوں کی دعا

اے مرے والی اے رکھوالی
اے مرے داتا اے مرے آقا
سب کے مولیٰ
سب سے اَولیٰ

علم و ہنر دے بھر دے بھر دے
صحت بھی دے دولت بھی دے
عزّت بھی دے
راحت بھی دے

شام سویرے بس میں تیرے
تو مولیٰ ہے تو آقا ہے
رب سب کا ہے
اور یکتا ہے

میری دعا سن میرے خدا سن
دنیا تیری عقبیٰ تیری
تجھ سا کب ہے
تو ہی رب ہے

❋❋❋

دعا

اے راجا ، پرجا کے مالک
اے ساری دنیا کے مالک
اے دونوں عالم کے داتا
تیرا نہیں کسی سے ناتا
کوئی نہیں ہے تیرا ہمسر
تو ہے سب سے بالا برتر
ہم ہیں تیرے در کے بھکاری
شرم ہے تیرے ہاتھ ہماری
جس کو چاہے عزّت دے دے
جس کو چاہے ذِلت دے دے
عزّت ، ذِلت کا تو مالک
دوزخ جنت کا تو مالک
مالک تو دونوں عالم کا
خالق تو جن و آدمؑ کا
چاہتے ہیں ہم تجھ سے عزّت
دے دے مولا دے دے عزّت
عزّت دے ہم کو دنیا میں
راحت دے ہم کو عقبیٰ میں
علم و عمل میں حصہ دے کر
کر دے ہم کو سب سے بہتر
یاد سے اپنی شاد ہمیں کر
دنیا میں آباد ہمیں کر
جس سے تو ہو راضی مولیٰ
فہم بھی دے اور حلم عطا کر
طاعت کا اپنی چسکا دے
بات وہی ہے اچھی مولا

عشق کی بُو موجود ہو دل میں
تو ہی تو موجود ہو دل میں

قدرت

تیری قدرت کی قدرت کوئی پا سکتا ہے ؟ ناممکن
سمجھ میں بھید کیا قدرت کا آ سکتا ہے ؟ ناممکن

تو وہ قادر ہے جو چاہا کیا ، کرتا ہے جو چاہے
تیرے آگے کوئی قادر کھا سکتا ہے ؟ ناممکن

کھلائے تو نے میوے، پھول اور پھل اپنی قدرت سے
کوئی پیڑوں میں یہ پیڑ لگا سکتا ہے ؟ ناممکن

یہ سب انسان تیری پاک صنعت کے نمونے ہیں
کھلونے بولتے کوئی بنا سکتا ہے ؟ ناممکن

کوئی تجھ سا نہیں ہے اور جو کچھ ہے وہ تجھ سے ہے
تیری وحدت میں کوئی حرف لا سکتا ہے ؟ ناممکن

تیری تعریف یا رب ہو ادا انسان سے کیوں کر
کہیں دریا بھی کوزے میں سما سکتا ہے ؟ ناممکن

جگنو اور بچّہ

جگنو :

اِدھر آؤ اے میرے نادان بچے   کروں گا میں دو چار باتیں تمہی سے
ہو مصرف کیوں کھیلنے میں تم ایسے   سنو تو سہی کچھ پڑھو گھر پہ جاکے
نہیں پیارے بچے یہ دن کھیلنے کے!

بچہ :

میں ابا کا جانی ، میں اماں کا پیارا   نہیں رنج میرا کسی کو گوارا
نہ جاؤں گا پڑھنے یہ ہے کیا اشارہ   میں کھیلوں گا ، تیرا نہیں کچھ اِجارا
چمکدار کیڑے مجھے کھیلنے دے!

جگنو :

یہ پُرنور چہرہ یہ آنکھیں منوّر   یہ گورا بدن اور کپڑے معطّر
لڑکپن کے دن ہیں مگر یوں نہ ہٹ کر   نصیحت سے میری ہوا کیوں مکدّر
نہیں پیارے بچے یہ دن کھیلنے کے

بچہ :

پڑی ہے ابھی عمر ، پڑھ لوں گا جگنو   کہ پڑھنے پہ ہر وقت ہے میرا قابو
میں کیوں جاؤں پڑھنے میں کھیلوں گا ہرجا   کہیں اور بے پر کی جا کر اُڑا تو
چمکدار کیڑے مجھے کھیلنے دے!

جگنو:

نہیں پیارے بچے نہیں کھیل اچھا کہ پڑھنے کا ہے اک یہی تو زما
اگر ابتدا سے رہا شوق اس کا تو آجائے گا پھر بہت جلد پڑھ
نہیں پیارے بچے یہ دِن کھیلنے کے

بچہ:

پکڑ لوں گا تجھ کو جو اَب تو نے چھیڑا تو آیا بڑا علم والا کہیں
میں کھیلوں گا، کھیلوں گا، کھیلوں گا ہر جا مجھے کھیل سے روکتا ہے پرند
چمکدار کیڑے مجھے کھیلنے دے!

جگنو:

نہ جاؤں گا ہرگز میں اُڑ کر یہاں سے کروگے نہ اقرار جب تک زباں
نصیحت کو آئے گا کوئی کہاں سے؟ فرشتے نہ اُتریں گے اب آسماں
نہیں پیارے بچے یہ دِن کھیلنے کے

بچہ:

یہاں آ کے کن آفتوں میں پھنسا مَیں ترے لیکچر میں ہوا مبتلا مَی
کہیں اور ہی کھاؤں گا اب ہوا مَیں تو جاتا نہیں تو نہ جائے چلا مَی
چمکدار کیڑے مجھے کھیلنے دے!

جگنو :

میں تیرے لیے گو اک آفت نئی ہوں ‏ ‏ مگر واقعی رحمت اللہ کی ہوں
جہاں میں ترا رہنما ہر گھڑی ہو ‏ ‏ میں جگنو نہیں علم کی روشنی ہوں
نہیں پیارے بچے یہ دِن کھیلنے کے!
تجھے ایک دن ہے چمکنا زمین پر ‏ ‏ ہنسی مجھ کو آتی ہے تیری 'نہیں' پر
نظر ہے مری تیرے روئے حسیں پر ‏ ‏ میں چمکوں گا اک روز تیری جبیں پر
نہیں پیارے بچے یہ دِن کھیلنے کے!
ابھی سے اگر تو لکھے گا پڑھے گا ‏ ‏ تو دنیا میں پروان جلدی چڑھے گا
یہ کب تک یونہی گِڑیاں تو گڑے گا ‏ ‏ بڑھائے گا ہمت تو آگے بڑھے گا
نہیں پیارے بچے یہ دِن کھیلنے کے!

بچہ :

جو تو علم کی روشنی ہے تو آ جا ‏ ‏ مرے دل میں میرے جگر میں سما جا
مجھے پڑھنے لکھنے کا شیدا بنا جا ‏ ‏ اگر اور کچھ ہے تو ہٹا جا ، چلا جا
چمکدار کیڑے مجھے کھیلنے دے!

❖❖❖

میں ملک میں لکھ پڑھ کے بہت نام کروں گا

میں ملک کی خدمت سحر و شام کروں گا کاہل نہ بنوں گا نہ میں آرام کروں گا
جس کام میں بہبود ہو وہ کام کروں گا ہر کام غرض قابلِ انعام کروں گا
میں ملک میں لکھ پڑھ کے بہت نام کروں گا

میں جانتا ہوں ملک کو کیا کیا ہے ضرورت پھر کیوں نہ کروں گا میں بھلا ملک کی خدمت
مدت سے نہیں ہند میں مقبول تجارت کوشش میں کروں گا کہ بڑھے صنعت و حرفت
میں ملک میں لکھ پڑھ کے بہت نام کروں گا

کھیتی کو ترقی نہیں گزرے ہیں بہت سال ہر سال کہیں جنگ ہے موجود کہیں کال
افلاس یہ پھیلا ہے کہ ملتا ہی نہیں مال بدلوں گا میں اس ملک کا یکبارگی یہ حال
میں ملک میں لکھ پڑھ کے بہت نام کروں گا

میں جانتا ہوں رنج سے مغلوب وطن ہے پیارا ہے بہت اور بہت خوب وطن ہے
سو جان سے میرا مجھے مرغوب وطن ہے خادم میں بنوں گا مجھے محبوب وطن ہے
میں ملک میں لکھ پڑھ کے بہت نام کروں گا

لاؤں گا بلندی پہ میں یوں اہلِ وطن کو چھو لیں گے کبھی ہاتھ سے سورج کی کرن کو
دوں گا میں نئے پھول ہر اک شاخِ سمن کو فردوس بناؤں گا میں بھارت کے چمن کو
میں ملک میں لکھ پڑھ کے بہت نام کروں گا

بلبل اور گلاب

بلبل :

اے رنگ بھرے گلاب کے پھول
اس شان اس آب و تاب کے پھول
دلچسپ بہت ہیں رنگ تیرے
ہیں مجھ کو پسند ڈھنگ تیرے
کھلتا ہے جو تو اس انجمن میں
لگتی ہے اک آگ سی چمن میں
کیسا یہ اثر ہے پنکھڑی میں
کیسی ہے چٹک کلی کلی میں
کس نے تجھے اس قدر سجایا؟
کس نے تجھے باغ میں کھلایا؟
کیوں تجھ میں ہے دلکشی زیادہ؟
کس ملک کا تو ہے شاہزادہ

گلاب :

اے رنگ بھرے ترانے والی
گلشن میں بہار گانے والی
اے باغ کی لا جواب چڑیا
اے شیفتۂ گلاب چڑیا
جس نے تجھے چہچہے دیے ہیں
دلچسپ یہ زمزمے دیے ہیں
اُس نے مجھے پھول ہے بنایا؟
اک پیڑ کی شاخ سے اُگایا
سب پھول ہیں میرے آگے سادہ
اس باغ کا ہوں میں شاہزادہ
مجھ سا نہیں اور کوئی خوش بخت
ہے میرے لیے بہار کا تخت

بلبل :

پیارے مرے اے گلاب کے پھول — اے گلشنِ لا جواب کے پھول
رنگین ، خموش ، سیدھے سادے — اے ملکِ چمن کے شاہزادے
کرتی ہے بہار جب کنارا — ہو جاتا ہے زرد باغ سارا
آتا نہیں کیوں مجھے نظر تو؟ — جاتا ہے چھپ چھپا کدھر تو؟
مرجھاتی ہیں تیری ساری کلیاں — رہتی نہیں پھر یہ رنگ رلیاں
اُڑ جاتی ہے بو حنا کی مانند — ہوتا ہے فنا ، ہوا کی مانند

گلاب :

اے مطربۂ بہار بلبل — اے عاشقِ بے قرار بلبل
ہوتا ہوں میں خاک ہی سے پیدا — آخر کو ہوں خاک ہی میں ملتا
غم خوار بھی غم گسار بھی ہے — ماں بھی ہے یہی مزار بھی ہے
دنیا میں جتنے پھول کلیاں — ہے سب میں بقا فنا نمایاں
مرجھا کے ہر اک پھول پتا — ہوتا ہے پھر اس زمین سے پیدا

ہر پھول میں ہے خدا کی قدرت
ہر خار میں ہے اسی کی حکمت

❖❖❖

برسات

برکھا آئی ، بادل آئے اوڑھے کالے کمبل آئے
ٹھنڈی ٹھنڈی آئیں ہوائیں کالی کالی چھائیں گھٹائیں
گرمی نے ڈیرا اُٹھوایا دھوپ پہ سایہ غالب آیا
پھیلا دن کے ساتھ دھندلکا بھورا بھورا ، ہلکا ہلکا
بدلی آئی شور مچاتی بھیگے بھیگے نغمے گاتی
بادل سے امرت جل برسا امرت جل کیا کومل برسا
ہوگئی زندہ مردہ کھیتی دُھل گئے ذرّے ، چمکی ریتی
دریا اور سمندر اُبھرے تازہ موجیں لے کر اُبھرے
تازگیاں ہیں جنگل جنگل ہر جنگل میں ہے اب منگل

یہ رت یہ برسات کا موسم
ہے گویا جذبات کا موسم

باغوں میں سبزہ لہرایا پھول اور کلیوں میں رَس آیا
بلبل چہکا ، کوئل بولی نرگس نے آنکھ اپنی کھولی
پھر شاخوں نے خلعت پہنے پھر پائے ہریالے گہنے
تالابوں میں مینڈک بولے سیپیوں نے منہ اپنے کھولے
موتی بادل نے برسائے پتوں نے دامن پھیلائے
پھول کھلے کلیاں لہرائیں کونپلیں پھر شاخوں میں آئیں

سرمستی دنیا پر چھائی پھر ہستی نے لی انگڑا
بادل گرجا بجلی چمکی آئی صدا رِم جھم رِم جھم
مور نے اپنا ناچ دِکھایا طوطی نے بھی منگل گ

پھر ساون کا مست پپیہا
پی کی یاد دِلانے نکلا

یہ ٹھنڈا دن رات کا عالم یہ پیارا برسات کا عا
گرمی کی فریاد نہیں ہے گرمی کب تھی ؟ یاد نہیں
خوش ہیں سب انسان و حیواں رونق پر ہیں باغ بیابا
جھینگر ، مینڈک ، مور ، ٹیٹری سب کو خوشیاں ہیں ساون
گاتے ہیں گلیوں میں بچے ''کالے ڈنڈے پیلے ڈنڈ
برسیں گے ، برسائیں گے یہ کوڑی ڈھیر لگائیں گے
اے مولیٰ برسا دے پانی بارش کی کر دے ارزانی
ہیں طوفاں جذبات میں کیا کیا جذبے ہیں برسات میں کیا

کیف کا عالم باقی رہتا
کاش یہ موسم باقی رہتا

❖❖❖

سلیمہ کی بلّی

بڑی شوخ ہے اور بہت منچلی ہے
بڑے ناز نخروں سے گھر میں پلی ہے
ہے چھوٹا سا قد، رنگ میں صندلی ہے
یہ سانچے میں قدرت کے گویا ڈھلی ہے
سلیمہ کی بلّی بہت ہی بھلی ہے

نہ یہ کاٹتی ہے، نہ یہ نوچتی ہے
بہت ہی غریب اور سیدھی بڑی ہے
سلیمہ سے اس درجہ ہل مل گئی ہے
کہ اب اس کی گودی میں بیٹھی ہوئی ہے
سلیمہ کی بلّی بہت ہی بھلی ہے

اسے سرد اور گرم سہنے سے مطلب
اسے اک جگہ بیٹھے رہنے سے مطلب
نہ گھر والیوں کے الہنے سے مطلب
نہ زیور کی پروا نہ گہنے سے مطلب
سلیمہ کی بلّی بہت ہی بھلی ہے

گلے میں ہے مخمل کا اک لال پٹّا
ٹکے رہتے ہیں اس میں گھنگھرو ہمیشہ
یہ چلتی ہے جب تو وہ بجتے ہیں کیا کیا
یہ بلّی نہیں، ہے عجب اک تماشا
سلیمہ کی بلّی بہت ہی بھلی ہے

سلیمہ سبق یاد کرتی ہے اپنے
تو یہ بیٹھ جاتی ہے پہلو میں اس کے
نہیں اُٹھتی یہ بھی وہ جب تک نہ اُٹھے
یہ انداز اس کے ہیں کتنے پیارے
سلیمہ کی بلّی بہت ہی بھلی ہے

الگ ایک پیالی میں کھاتی ہے کھانا   جگہ جھاڑ کر اک طرف بیٹھ جا
کبھی چھت کبھی صحن میں کھیل آنا   نہ کہنا ، نہ سننا ، نہ کچھ غل مچا
سلیمہ کی بلّی بہت ہی بھلی ہے

ہیں تعریف اس کی تمھیں کیا سناؤں   بتانے کی کچھ بات ہو تو بتاؤں
سلیمہ سے جو ربط ہے کیوں چھپاؤں   وہ کہتی ہے 'آؤں' یہ کہتی ہے 'میاؤں'
سلیمہ کی بلّی بہت ہی بھلی ہے

❖❖❖

وطن کی لگن

ہند میرا چمن اس میں ہوں میں مگن
ہے اسی کی لگن راحتِ جان و تن
میرا پیارا وطن

میری عزّت ہے یہ میری دولت ہے یہ
میری عظمت ہے یہ میری جنت ہے یہ
میرا پیارا وطن

ہند کی خاک سے پھول کیا کیا اُگے
لال ، پیلے ، ہرے مستیوں میں بسے
میرا پیارا وطن

اس کے دریا بڑے تازگی سے بھرے
باغ پھوٗلے پھلے لہلہاتے ہوئے
میرا پیارا وطن

اس کے چشمے جواں اس میں نہریں رواں
جنگل اور وادیاں اس سے اچھی کہاں؟
میرا پیارا وطن

یہ وطن ہے میرا میں ہوں اس پر فدا
اس پہ رکھے خدا اپنی رحمت سدا
میرا پیارا وطن

دیس کی آس ہوں دیس کے پاس ہوں
اس کی بو باس ہوں دیس کا داس ہوں
میرا پیارا وطن

ماں کی لوری

اے میرے بچے اچھوں سے اچھے
تو ہے پیارا آنکھوں کا تارا
میرا دُلارا
جی کا سہارا
جھولا جُھلاؤں ہپّا کھلاؤں
مکھڑا دُھلاؤں لوری سناؤں
کیا تیرا مکھڑا
ہے گورا گورا
آ میرے راجا گودی میں آ جا
سرمہ لگا کے پہناؤں کپڑے
آئیں گے ابّا
لائیں گے چڑیا
کھیلے گا ننھا بولے گی چڑیا
ہے میرا بچہ میرا کھلونا
بچے کو میرے
اللہ رکھے

❖❖❖

مگر دیکھ تیرا خدا دیکھتا ہے

مکاں میں نہیں کوئی تنہا پڑا ہے   چرا کر تو اک تولیا لے چلا ہے
نہ ہوگی خراسکی ، تو جانتا ہے   کہ یہ کام تو نے چھپا کر کیا ہے
مگر دیکھ تیرا خدا دیکھتا ہے!

نہیں کوئی کمرے میں موجود تیرے   ہوئیں کھڑکیاں اور در بند سارے
ترا دل ہے اب مطمئن ہر طرف سے   مچلنے لگے ہیں گنہ کے اِرادے
مگر دیکھ تیرا خدا دیکھتا ہے!

تیرے گھر میں تھی پالتو ایک بلّی   کتاب اس نے اک دِن کوئی پھاڑ ڈالی
اسے تو نے دی جا کے جنگل میں پھانسی   تو یہ جانتا ہے نہ دیکھے گا کوئی
مگر دیکھ تیرا خدا دیکھتا ہے!

برا پیٹھ پیچھے کسی کو نہ کہنا   نہ کرنا کوئی جرم اکیلے میں اصلا
کہ تو بند ہو سات قلعوں میں تو کیا   کوئی ہو نہ ہو دیکھنے سننے والا
مگر دیکھ تیرا خدا دیکھتا ہے!

یہ جاڑوں کا موسم یہ راتیں اندھیری   نہیں باغ میں کوئی اس وقت مالی
ت واک لے چلا توڑ کر ناشپاتی   یہ مانا نہیں دیکھتا اور کوئی
مگر دیکھ تیرا خدا دیکھتا ہے!

دیا تو نے اک دوست کو چھپ کے دھوکا کسی پر کھلا بھید بالکل نہ
کیا تو نے دل میں بدی کا ارادہ ارادے کو تیرے کسی نے نہ دی
مگر دیکھ تیرا خدا دیکھتا ہے!

بدی کا کبھی دھیان دل میں نہ لانا وہ خلوت ہو، کمرہ ہو یا غسل خا
نہیں سامنے کوئی غیر اور یگانا نہیں دیکھتا اور کوئی یہ
مگر دیکھ تیرا خدا دیکھتا ہے!

تو محتاج ہے اور بے بال و پر ہے نہ کھانے کو روٹی نہ رہنے کو گھر
تجھے کس کی پرواہ، تجھے کس کا ڈر ہے! زمانہ ترے حال سے بے خبر
مگر دیکھ تیرا خدا دیکھتا ہے!

❖❖❖

دنیا اور دنیادار

دنیا:

مر گئے تو یہ نشاطِ جاودانی پھر کہاں
یہ گلستان ، یہ بہارِ گلفشانی پھر کہاں
یہ تماشائے حیات بزمِ فانی پھر کہاں
یہ زمین اور یہ فضائے آسمانی پھر کیا
''سیر کر دنیا کی غافل زندگانی پھر کہاں
زندگانی بھی رہی تو نوجوانی پھر کہاں''

'ایشیا' کے بعد 'یورپ' دور تک آباد ہے
آدمی اپنے خیالوں کی طرح آزاد ہے
آج ہر عشرت کدہ معمورۂ شداد ہے
کیا بہاروں پر بہارِ عالم ایجاد ہے
''سیر کر دنیا کی غافل زندگانی پھر کہاں
زندگانی بھی رہی تو نوجوانی پھر کہاں''

دیکھ فطرت اپنا آئینہ بناتی ہے تجھے
کیسے کیسے دلکشا منظر دِکھاتی ہے تجھے
چل پہاڑوں پر اگر گرمی ستاتی ہے تجھے
چوپلوں کی برف آرائی بلاتی ہے تجھے
''سیر کر دنیا کی غافل زندگانی پھر کہاں
زندگانی بھی رہی تو نوجوانی پھر کہاں''

ایک طرف نہریں ہیں جاری اک طرف ہے آبشار
اک طرف ہے موجزن دریائے ناپیدا کنار
ہیں کہیں جنگل ، کہیں گلشن ، کہیں ہیں کوہسار
جلوۂ مفت نظر ہے صنعتِ پروردگار
''سیر کر دنیا کی غافل زندگانی پھر کہاں
زندگانی بھی رہی تو نوجوانی پھر کہاں''

دنیادار:

بندۂ مجبور ہوں نظروں کو رسوا کیا کروں
میں نشاطِ جاودانی کی تمنا کیا کروں
ہوں فسردہ سیر گلشن کا ارادہ کیا کروں
سیکڑوں جھگڑے ہیں میری جان کو کیا کروں
زندگی بے کیف ہے عزمِ تماشا کیا کروں
مجھ پہ دنیا تنگ ہے سیرِ دنیا کیا کروں

صبح سے تا شام ہوں فکرِ معیشت کا شکار
زندگی کی کاوشوں سے رات دن ہوں بھرار
میری نظروں میں خزاں ہے باغِ ہستی کی بہار
چھوڑ کر ان کو میں جاؤں شرم آتی ہے مجھے
زندگی بے کیف ہے عزمِ تماشا کیا کروں
مجھ پہ دنیا تنگ ہے سیرِ دنیا کیا کروں

گلستانِ دہر ہے گلبار بھی پُرخار بھی
اس خراب آباد میں راحت بھی ہے آزار بھی
ہے یہ جائے سیر بھی اور مجلسِ افکار بھی
دونوں سچے ہیں یہاں دنیا بھی دنیادار بھی
کام اگر ایسا کرے انساں تو ایسا بھی کرے
سیر دنیا سے رہے ، اور سیرِ دنیا بھی کرے

❖❖❖

نورجہاں کا مقبرہ

خاک کا ایک ڈھیر ہے جورِ فلک کا آئینہ
زخمِ نگاہِ یاس ہے ، سطوتِ عہدِ ماضیہ
کثرتِ انقلاب کا نقش ہے یہ فنا کدہ
حیرتیِ مشاہدہ کیوں نہ کرے یہ فیصلہ
عبرتِ روزگار ہے نورجہاں کا مقبرہ

دلِ ملکہ وہی ہے جس کا جہاں میں نام تھا
حشر فسوں دلبری جس کا خرامِ عام تھا
روحِ نظامِ خسروی جس کا ہر انتظام تھا
سندھ کے ذرّے ذرّے پر سکۂ احتشام تھا
عبرتِ روزگار ہے نورجہاں کا مقبرہ

آہ وہ گلشنِ نشاط ، گل بکنار اب کہاں
ہند کے لالہ زار میں دورِ بہار اب کہاں
قصرِ شہی میں آفتاب ، آئینہ دار اب کہاں
سازِ شکستۂ چمن زمزمہ بار اب کہاں
عبرتِ روزگار ہے نورجہاں کا مقبرہ

گوشۂ تیر و تار میں وہ ملکہ ہے محوِ خواب
کرتا تھا بامِ صبح سے جس کو سلام آفتاب
جس کا دماغ حکمراں جس کا شباب فتح یاب
جس کے جلوسِ نازگی گرد تھے زہرہ و شہاب

عبرتِ روزگار ہے نورجہاں کا مقبرہ

ہُو کا مکاں ہے مقبرہ، شمع یہاں جلائے کون
اب نہ صبا نہ ہے نسیم ، پھول چمن سے لائے کون
دن میں مقیم کون ہو ، زحمتِ شب اُٹھائے کون
اُجڑے ہوئے دیار میں ، سچ تو ہے روز آئے کون

عبرتِ روزگار ہے نورجہاں کا مقبرہ

ریل کے اے مسافرو! جب بھی ادھر سے ہو گزر
نورجہاں کی خواب گاہ آئے تمھیں یہاں نظر
پھینکنا کچھ دعا کے پھول اس ملکہ کی قبر پر
اور یہ کہنا بار بار دالِ گرم و چشمِ تر

عبرتِ روزگار ہے نورجہاں کا مقبرہ

✤✤✤

تاج محل

یہ وہ روضہ ہے جس کو جنتِ ہندوستاں کہیے
جسے تعبیرِ خواب حضرتِ شاہجہاں کہیے
نظر افروز تصویرِ غبارِ کارواں کہیے
بہارستانِ صنعت کی بہارِ جاوداں کہیے
جہانِ رنگ و بو میں یادگارِ خوش مذاقی ہے
یہ آثارِ صنادید عجم کا نقش باقی ہے

جڑے تھے اس میں لعل و نیلم و پکھراج ، کہتے ہیں
پلے تھے اس سے لاکھوں بے کس و محتاج کہتے ہیں
کمالِ ذوقِ صنعت اسے معراج کہتے ہیں
کوئی تو بات ہے اس میں کہ اس کو 'تاج' کہتے ہیں
نقدِ عظمتِ تعمیر سرافرازِ عالم ہے
بنام 'مدفنِ ممتاز' یہ ممتازِ عالم ہے

یہ قصرِ مرمریں ضوخیز ہے جمنا کے پہلو میں
ثریا محوِ خواب ناز ہے زہرا کے پہلو میں
ریاض سرمدی ہے کوثرِ رعنا کے پہلو میں
کہ روح تازگی بالیدہ ہے دریا کے پہلو میں
مجسم اک جگہ انوار 'ممتازِ' جواں کے ہیں
اور آنسو اُس کے قدموں میں رواں شاہِ جہاں کے ہیں

ہوئے قندھار و روم و ہند کے صناع جب یکجا
تو سب نے مل کے اک خاکہ نہایت دلکشا کھینچا
منصور دم بخود تھا جب خود منہ سے بول اُٹھا
زمیں پر کھنچ گیا کس طرح قصرِ حور کا نقشہ
دلِ نقاش میں کیا کیا ہوئیں حیرانیاں پیدا
کہ تصویرِ مکاں سے تھی شبیہ پیدا

نگاہِ دل کا آئینہ بناکر دیکھیے اس کو
نہایت غور سے نظریں جما کر دیکھیے اس کو
اندھیری رات کے پردے اُٹھا کر دیکھیے اس کو
سہانی چاندنی راتوں میں آ کر دیکھیے اس کو
درخشانی جہانِ گل کو آئینہ دِکھاتی ہے
در و دیوار پر شب کو شفق سے پھول جاتی ہے

اے شاہِ جہاں کے ساتھ فطرت نے بنایا ہے
کمالِ عقل سے اربابِ صنعت نے بنایا ہے
مغل فرمانرواؤں کی حکومت نے بنایا ہے
حکومت نے نہیں بلکہ محبت نے بنایا ہے
محبت کا کرشمہ عقل کو حیران کرتا ہے
فرشتے کر نہیں سکتے جو کام انسان کرتا ہے

ریاضِ تاج پر کرتا ہے گلزار ارم سایہ
'زمین تاج' پر ہے قدسیوں کا دم بدم سایہ
کیا کرتی ہے اس پر شاخِ طوبیٰ بیش و کم سایہ
نظیؔر اکبرآبادی ہیں اس کے ایک ہمسایہ

تماشائی تھیں اس میں غالبؔ رہگیر کی آنکھیں
ادائے سادہ سے دیکھی ہیں اس نے میرؔ کی آنکھیں

یہ سیاحانِ مغرب کے لیے حیرت کا منظر ہے
یہ سیارانِ عالم کے لیے جنت سے بڑھ کر ہے
یہ معمارانِ دنیا کے لیے اعجازِ اکبر ہے
یہ صناعانِ مشرق کے لیے پیغامِ یکسر ہے

زمیں پر کیا ٹھہر سکتا ہے کوئی آسماں ایسا
بنا سکتا ہے پھر دنیا میں کیا کوئی مکاں ایسا

❖❖❖

شام کی دُعا

شام ہوئی اور سورج ڈوبا — رات نے اپنا خیمہ ڈالا
دھوپ کہاں اب ہے اندھیارا — سماں ہے ٹھنڈا پیارا پیارا
دن بھر خوب پڑھے اور کھیلے — دیکھے اس دنیا کے میلے
یاد کرو سب دن کی باتیں — کیا کیا کام کیے تھے دن میں
کس کو مارا ، کس کو لوٹا — لڑنے میں کس کا سر پھوٹا
کام کیا ہے نیک بھی کوئی؟ — تم نے دعا لی ایک بھی کوئی؟
نیک اگر کچھ کام کیا ہے — تو سمجھو یہ دن اَچھا ہے
مانگو اپنے رب سے دعائیں — یا رب سر سے ٹال بَلائیں
شام سویرے کا تو مالک — اور اندھیرے کا تو مالک
صبح بھی تجھ سے شام بھی تجھ سے — ہے ان کا انجام بھی تجھ سے
جیسے دن راحت سے گزرا — گزرے یوں ہی رات بھی مولیٰ
نام ترا میں لے کر جاگوں — کھاؤں ، پیوں اور دوڑوں ، بھاگوں

کھیلوں کودوں اور پڑھوں میں
شاد رہوں آباد رہوں میں

❖❖❖

گل بوٹے سلور جوبلی سیریز کے تحت مطبوعہ کتابوں کی فہرست

نمبر شمار	کتاب	مصنف	مرتب
۱۔	اُلٹا درخت اور ستاروں کی سیر	کرشن چندر	خان نوید الحق
۲۔	چچا چھکّن کے کارنامے/ تین اناڑی	امتیاز علی تاج/ عصمت چغتائی	ناصر علی شیخ/ خان نوید الحق
۳۔	جن حَسن عبد الرحمٰن	مترجم: قرۃ العین حیدر	خان نوید الحق
۴۔	چڑیوں کی الف لیلہ	کرشن چندر	خان عارفہ نوید
۵۔	خوفناک جزیرہ	سراج انور	خان نوید الحق
۶۔	بچوں کی نظمیں	حالیؔ/ سیمابؔ	ریحان کوثر
۷۔	بچوں کی نظمیں	تلوک چند محرومؔ	عرفان شاہ نوری
۸۔	بچوں کی نظمیں	اسمٰعیلؔ میرٹھی	ڈاکٹر محمد حسین مشاہد رضوی
۹۔	بچوں کی نظمیں	حفیظؔ جالندھری	محمد شریف
۱۰۔	بچوں کی نظمیں	نظیرؔ اکبر آبادی	محسن ساحلؔ
۱۱۔	بچوں کی نظمیں	شفیع الدین نیّرؔ	خان حسنین عاقبؔ
۱۲۔	بچوں کی کہانیاں	شفیع الدین نیّرؔ	خان حسنین عاقبؔ
۱۳۔	بچوں کی کہانیاں	ڈاکٹر ذاکر حسین	غزالہ فاطمہ
۱۴۔	دنیا کے رنگ ہزار	حسین حسان	سراج عظیم
۱۵۔	بچوں کی نظمیں	ابنِ انشاؔ/ ساحرؔ/ افسرؔ	حسنین عاقبؔ/ وجاہت عبد الستار
۱۶۔	بچوں کی نظمیں اور کہانیاں	کھلونا سے انتخاب	فرزانہ اسد
۱۷۔	بچوں کی کہانیاں	خواتین کے قلم سے	ڈاکٹر حلیمہ فردوس
۱۸۔	مزاحیہ مضامین	درسی کتب سے انتخاب	ڈاکٹر محمد اسد اللہ
۱۹۔	سیر و سیاحت	درسی کتب سے انتخاب	ڈاکٹر ناصر الدین انصار
۲۰۔	بچوں کی منتخب کہانیاں	درسی کتب سے انتخاب	محمد یٰسین اعظمی
۲۱۔	بچوں کی منتخب نظمیں	درسی کتب سے انتخاب	آصف اقبال
۲۲۔	بچوں کے ڈرامے	درسی کتب/ گل بوٹے سے	انتخاب احمد
۲۳۔	بڑوں کا بچپن	مختلف کتب سے انتخاب	سیّد خالد
۲۴۔	بچوں کی نظمیں اور کہانیاں	گل بوٹے سے انتخاب	ظہیر قدسی/ سیّد آصف نثار
۲۵۔	چھوٹی سی بات (اداریے)	فاروق سیّد	صائمہ فاروق سیّد
۲۶۔	**بچوں کے ادیبوں کی ڈائرکٹری**	**خصوصی پیش کش**	ڈاکٹر اشفاق احمد/ محمد شریف